Martin Moser

AF154329

WIEN
WANDERT

Die offiziellen Wanderwege der Stadt

verlag rittberger+knapp

Die Informationen in diesem Buch wurden mit größter Sorgfalt recherchiert. Dennoch können Fehler nicht vollständig ausgeschlossen werden. Die Benutzung dieses Buches und die Umsetzung der darin enthaltenen Informationen erfolgt ausdrücklich auf eigenes Risiko. Verlag, Autoren und Lektor können für etwaige Unfälle und Schäden jeder Art, die sich beim Besuch oder bei der Anreise zu in diesem Buch beschriebenen Orten und Wegen ergeben, aus keinem Rechtsgrund Haftung übernehmen.

Alle Anreiseangaben ohne Gewähr.

©verlag rittberger+knapp

Edition WildUrb
ISBN: 978-3-902999-02-3
4. Auflage März 2022

Autor: Martin Moser
Lektorat: Loris Knoll BSc. (grüngrätzlwege.at)
Coverfotos: ©joda - Fotolia.com und ©JeaRoRe - Fotolia.com
Karten: ©OpenStreetMap-Mitwirkenden/www.openstreetmap.org

Alle Rechte vorbehalten, auch das der auszugsweisen Wiedergabe in Print- oder Online-Medien. Kommentare und Fragen gerne an: *office@rittbergerknapp.com*

www.wildurb.com
www.rittbergerknapp.com

Inhalt

1 Stadtwanderweg

R »rundumadum«

N Naturlehrpfad

W Weinweg

W Wasserweg

S Stadtspaziergang

RUNDUMADUM

WIENER SPAZIERGÄNGE

Willkommen

Ploberger, F., *Lehrtafel Pathologie, Wuxing, Die Fünf Wandlungspha-sen*, Poster, Schiedlberg: Bacopa, ISBN 9783901618024

Ploberger, F., *Lehrtafel Pathologie, Wuxing, Die Fünf Wandlungspha-sen*, A4, Schiedlberg: Bacopa, ISBN 9783901618925

Ploberger, F., *Lehrtafel Physiologie, Wuxing, Die Fünf Wandlungspha-sen*, Poster, Schiedlberg: Bacopa, ISBN 9783901618031

Ploberger, F., *Lehrtafel Physiologie, Wuxing, Die Fünf Wandlungspha-sen*, A4, Schiedlberg: Bacopa, ISBN 9783901618932

Ploberger, F., *Wuxing, Die Fünf Wandlungsphasen SET Pathologie + Physiologie im Set*, Schiedlberg: Bacopa, ISBN 9783901618499

Ploberger, F., *Plakat Nahrungsmittel mit 83 Abbildungen entspre-chend den 5 Elementen*, Schiedlberg: Bacopa, ISBN 9783901618727

Ploberger, F., *Plakat Nahrungsmittel und Westliche Kräuter mit 224 Abbildungen*, Schiedlberg: Bacopa, ISBN 9783901618734

Ploberger, F., *Plakat Westliche Kräuter aus Sicht der TCM mit 122 Abbildungen*, Schiedlberg: Bacopa, ISBN 9783901618741

Ploberger, F., *Plakat Chinesische Kräuter mit 57 Abbildungen nach deren Wirkung in Gruppen angeordnet*, Schiedlberg: Bacopa.
ISBN 9783901618758

Alle Bücher, Plakate und Tafeln erhalten Sie direkt beim Verlag unter versand@bacopa.at oder in jeder gut sortierten Buchhandlung.

Die Wiener Stadtwanderwege bedürfen keiner außergewöhnlichen Kondition und keiner besonderen wandertechnischen Fähigkeit. Ob du nun die Besteigung des höchsten Punktes Wiens vorhast, zwischen Weinreben sitzend genüsslich ein »Achterl Weiß« trinken willst oder deine Füße einer improvisierten Kneippkur unterziehen möchtest: auf den Wiener Stadtwanderwegen wirst du fündig. Damit du dich nur mit dem Wandern und mit sonst rein gar nichts beschäftigen musst, sind die Stadtwanderwege mit Richtungswegweisern ausgestattet, Rastplätze und wunderbare Aussichtspunkte sind obligatorisch.

Wo es für die Orientierung sinnvoll ist, sind im Text die Farben der Wanderwegmarkierungen angemerkt. Einkehrmöglichkeiten findest du beinahe auf allen Wegen und sie lassen dich die Stadtwanderwege von ihrer kulinarischen Seite kennenlernen. Start- sowie Endpunkte sind mit den öffentlichen Verkehrsmitteln bestens erreichbar. Besonders lohnend ist die Begehung der Stadtwanderwege und Naturlehrpfade mit Kind und Kegel. Wandert man doch an einigen Wald-spielplätzen vorbei und lernt Wiens Flora und Fauna kennen. Für Vierbeiner gibt es auf diesen Wegen auch einiges zu entdecken, nur die Begehung der Naturlehrpfade im Lainzer Tiergarten sowie manche Abschnitte am »rundumadum«-Weg sind für Wuffis nicht erlaubt.

Alle Wege sind online

Unsere Touren kannst du auch ganz einfach am Handy abrufen, indem du den QR-Code der jeweiligen Tour scannst, die Karte öffnest (Google Maps oder AllTrails) und schon geht Orientierung ganz einfach.

Falls du kein Handy benützen willst, öffne den Link *www.wildurb.at/maps*, klicke auf unser Buch **WIEN WANDERT** dann auf die Tour und die gewünschte Karte. So kannst du die Map ausdrucken, das Höhenprofil anschauen und Dateiformate für deine Navigations-App downloaden.

LEGENDE

5km[1] (1¾h)[2] | RW[3] | 128hm[4]
1) Tourlänge, 2) Gehzeit, 3) Verlauf: RW (Rundweg) / SW (Streckenwanderung)
4) Höhenmeter

Stadtwanderweg 1

Mit Muskelkraft auf den Kahlenberg

©AdobeStock/Michael

Der abwechslungsreiche Stadtwanderweg 1 über die aussichtsreichen Panoramaplätze am Kahlen- und am Nußberg stellt uns mit dem Wienerwald und den Wiener Weingärten zwei unterschiedliche Natur- und Kulturlandschaften vor.

Während am Aufstiegsweg auf den Kahlenberg die Baumbestände des Wienerwaldes für eine schattige Erfrischung sorgen, bietet der sonnenfreundliche Abstieg nach Nußdorf, mit Donau-Blick und gemütlichen Heurigen, Erfrischungen der anderen Art an. Dass wir dabei auch noch historische Wege der dampfbetriebenen Zahnradbahn und Spuren des Komponisten Ludwig van Beethoven entdecken, setzt dem Stadtwanderweg auf den Kahlenberg die »Baum-Krone« auf.

Wegbeschreibung

❙ Ausgehend von der Endstation in Nußdorf folgen wir dem Wegweiser zum Beethovengang, nach wenigen Metern stimmt uns eine Infotafel auf den Stadtwanderweg ein. Wir gehen die Zahnradbahnstraße leicht bergauf, überqueren die Eroicagasse

START & ANREISE
1190 Wien, Zahnradbahnstraße 8
Linie D › Endstation Nußdorf, Beethovengang (Haltestelle am Ausgangspunkt)

WEGVERLAUF
Nußdorf › Zahnradbahnstraße › Wildgrube › Höhenstraße › Stephaniewarte › Kahlenberg › Eichelhofweg › Nußdorf

TOUR
11km (3½h) | RW | 320hm

und Kahlenberger Straße, wandern die ▭ Wildgrubgasse leicht bergauf. Der Asphaltweg führt uns vorbei an Weinreben in ein Waldgebiet. Wenig später wechseln wir auf einen Schotterweg und steigen neben dem Schreiberbach die Wildgrube bergan. Nachdem wir die Höhenstraße unterschritten haben, biegen wir rechts ab und wandern in wei-

Beethovengang

terer Folge am Weg neben der Höhenstraße entlang ▭. Eine Brücke führt uns über die Höhenstraße, leicht bergauf steigend erreichen wir auf der ehemaligen Trasse der Kahlenbergbahn die Stephaniewarte.

Der Stadtwanderweg führt uns nun zum Namensgeber dieser Tour: den Kahlenberg. Vor der St. Josefskirche wenden wir uns links in Richtung Busstation und erreichen halbrechts abbiegend auf einem ▭ markierten Weg die Josefinenhütte (**Stempelstation**).

Rund 50m nach der Anmeldehütte des Waldseilparks biegen wir rechts ab ▭. Nur wenige Meter später – am Rande der Lagerwiese – gehts wiederum nach rechts und wir betreten Waldgebiet. An der kommenden Weggabelung ignorieren wir den Pfad nach rechts zur Stephaniewarte, denn der Stadtwanderweg führt links beschildert auf einen

Am Kahlenberg

schmäler werdenden Pfad bergab. Nach einem Schranken fühlen wir wieder Asphalt unter den Füßen. An der nächsten Wegkreuzung dem Wegweiser nach rechts folgen, sogleich der Weg sich nach wenigen Metern wieder nach links wendet. Kurz nach dem Heurigen Sirbu begehen wir halblinks den Eichelhofweg. Ein prächtiges Panorama begleitet unseren Abstieg nach Nußdorf.

Alte Hangbefestigungen ziehen über unsere Köpfe hinweg, wir biegen kurz darauf rechts in die Nußberggasse ab. Wenige Minuten später führt uns die Bockkellerstraße zur Straßenbahn retour. Mit aussichtsreichen Eindrücken treten wir unsere Heimreise an.

KAHLENBERG BY TRAIN

In den Jahren 1874 bis 1919 entwickelte sich der Kahlenberg zu einem beliebten Ausflugsziel. Grund dafür war die dampfbetriebene, zweigleisige Zahnradbahn von Nußdorf auf den Kahlenberg. Die Eröffnung sollte noch vor der Weltausstellung 1873 erfolgen, doch Einsprüche von Anrainern sowie Grundstückskäufe verzögerten den Baubeginn. Nachdem die konkurrierende Seilbahn auf den Leopoldsberg von den Betreibern der Kahlenbergbahn im Jahr 1876 aufgekauft wurde, verlagerte sich die Endstation der Bahn auf den Kahlenberg-Gipfel, an welchem 1887 die Stephaniewarte errichtet wurde. Nach dem Ende des I. Weltkrieges konnte der Betrieb der Bahn nur eingeschränkt erfolgen, ehe der Regelbetrieb 1919 eingestellt wurde.

Am 26. November 1921 fuhr der letzte Personenwagen auf den Kahlenberg. Der Bummelzug "Vienna Heurigen Express" bringt heute die Touristen auf den Kahlenberg. ▼

St. Josefskirche

Vienna Heurigen Express

©Liliputbahn im Prater GesmbH

SWW 1a

Stadtwanderweg 1a

Die Steilnase der Alpen

Wer wissen will, wie wunderschöne Panoramen aussehen, begeht am besten den Stadtwanderweg 1a. Denn die »Steilnase der Alpen«, der sogenannte Nasenweg, wie ihn die WienerInnen auch nennen, fungiert dabei als Wiener »Panoramaweg« schlechthin und führt uns auf den geschichtsträchtigen Leopoldsberg.

Der Steilheit wegen sind wir über die vorhandenen Aussichts- und Rastplätze mehr als dankbar. Die Belohnung für das Auge steigt mit jeder Stufe und jeder Kehre, die wir bewältigen. Doch nicht nur das Panorama begeistert uns. Wir stellen fest, dass dank polnischer Unterstützung die 2. Wiener Türkenbelagerung geendet hat, erfahren, was es mit dem Donauweibchen auf sich hat und werden des Öfteren von einem sehr bekannten Heiligen begrüßt.

Wegbeschreibung

❚ Unsere Tour am Stadtwanderweg 1a startet am Bahnhof Nußdorf an einer Infotafel. Die Bahn-Unterführung leitet uns danach zur Donau, an welcher wir die kommenden Gehminuten bis zum Kahlenbergerdorf verbringen

START & ANREISE
1190 Wien, Heiligenstädter Straße 178
Linie S40 oder D › Bahnhof Nußdorf
(Infotafel zum Stadtwanderweg 1a)

WEGVERLAUF
Nußdorf › Kahlenbergerdorf › Nasenweg ›
Leopoldsberg › Kahlenberg › Kahlenbergerdorf › Nußdorf

TOUR
10,3km (3½h) | RW | 300hm

werden. Bei der Marina Kuchelau (Yachthafen) wechseln wir auf die linke Straßenseite und betreten das Kahlenbergerdorf. Mit Blick auf den Leopoldsberg führt uns der Weg rechts zu einem Parkplatz und einer weiteren Infotafel, an welcher man sich auch über die Sagen rund um das kleine Dörfl im Waldbachtal informieren kann.

Blick vom Leopoldsberg

Der Anstieg auf den Leopoldsberg steht bevor. 310 Stufen später genießen wir die Aussicht von der obersten Aussichtsplattform. Unser Weg führt nun über die Josefinenhütte (Stempelstation) zum Kahlenberg. An der St. Josefskirche erblicken wir eine Nischenfigur des Heiligen Johannes von Nepomuk, des am dritthäufigsten dargestellten Heiligen in Österreich. An der Kirche halten wir uns rechts und folgen der Asphaltstraße bergab auf ▬ ▬. Nach einer

Rechtskehre verlässt der Stadtwanderweg an einem Johannes-Nepomuk-Denkmal die Straße. Der Weg führt uns bergab zu einem Schranken und mündet in weiterer Folge in die Kahlenberger Straße. Vor dem Heurigen Sirbu wandern wir links auf einem Trampelpfad weiter, folgen dem aussichtsreichen Weingartenweg eine Linkskurve entlang und queren die kommende Asphaltstraße. Ein kurzer Wiesenweg ▬ führt uns auf den steinigen Waldbachsteig, welcher bergab

Burg am Leopoldsberg

entlang des Waldbachs führt. Nach einem weiteren Johannes-Nepomuk-Denkmal erweitern wir unser önologisches Wissen am Lehrweingarten und betreten nur wenige Meter danach das Kahlenbergerdorf. Am St.-Georg-Platz erwartet uns das Donauweibchen der gleichnamigen Sage und eine Wandmalerei zur Erinnerung an die Schlacht am Kahlenberg während der 2. Türkenbelagerung. An der Wigandgasse halten wir uns rechts, bei der Schubert-Linde biegen wir links in die Bloschgasse ab und erreichen wieder die Unterführung am Kahlenbergerdorf. Der Weg zum Bahnhof Nußdorf ist uns schon bekannt. Am Rückweg werfen wir noch einen mutigen Blick in Richtung Donau: Ob sich das Donauweibchen wohl immer noch in den Fluten herumtreibt?

SAGENHAFTES KAHLENBERGERDORF

Wundersame Sagen aus der Welt der Nixen und Feen ranken sich um das kleine Dörfchen an der Donau. Bekannt ist vor allem die Sage des Donauweibchens. Ein schönes Mädchen warnte einen Fischer und dessen Sohn vor einer bevorstehenden Überflutung des Dorfes. Vater und Sohn evakuierten das Dorf, alle BewohnerInnen wurden in Sicherheit gebracht. Die Flut hatte jedoch auch etwas Gutes: Noch nie war der Fischfang so ergiebig wie nach der Flut. Doch dem Fischersohn ging die Angebetete nicht mehr aus dem Kopf. In einer Vollmondnacht ruderte er auf die Donau hinaus, breitete seine Arme aus und verschwand im strömenden Gewässer. Das Donauweibchen hatte sich den Jungen geholt.

Am 12.09.1683 beendete die Schlacht am Kahlenberg die 2. Wiener Türkenbelagerung. Die Denkmäler am Kahlenberg erinnern an den Sieg über die Türken unter König Sobieski aus Polen. ▼

An der Donau

Kosakendenkmal am Leopoldsberg

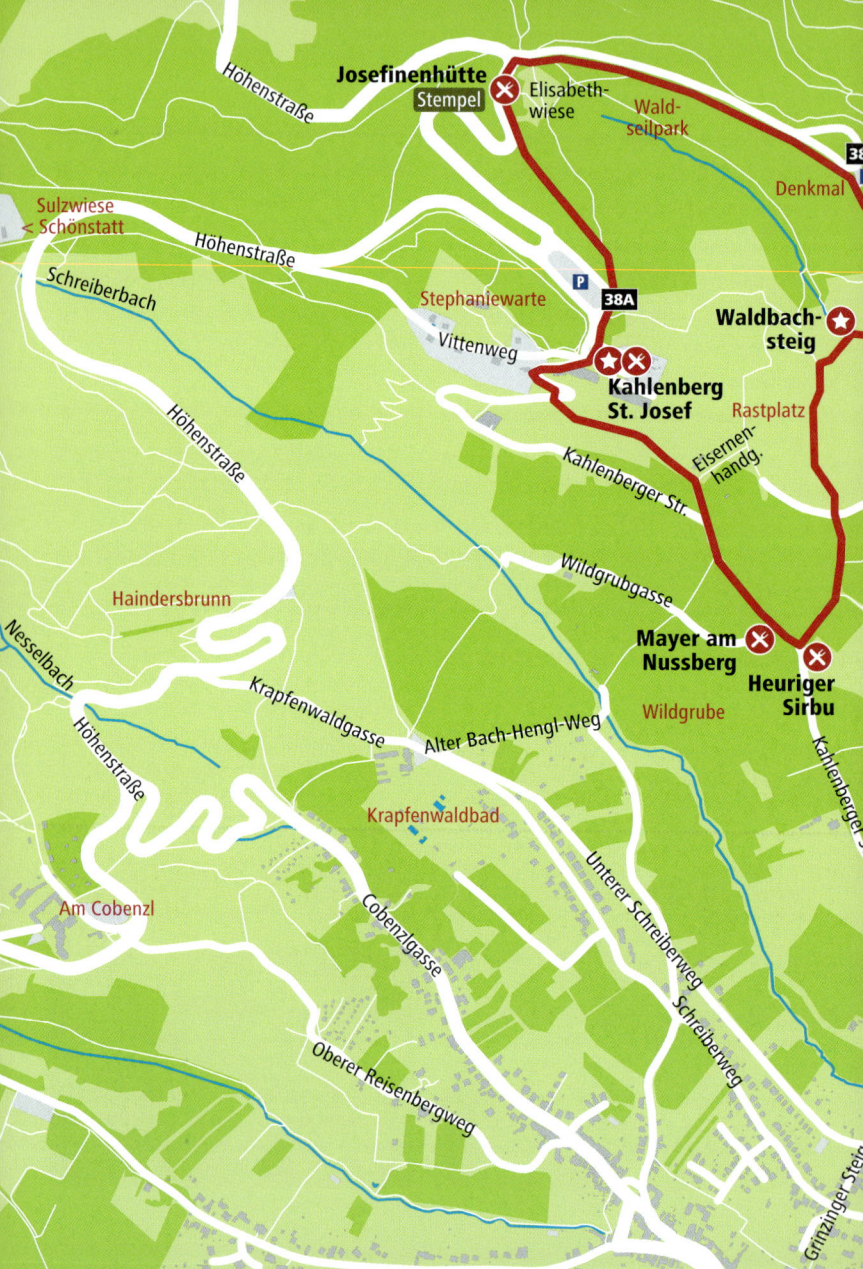

Leopoldsberg

Nasenweg

Donaupromenade

Donau

Neue Donau

Lehrweingarten

Donau-
insel

Kahlenbergerdorf

400

Eisernenhandg.

Jungherrensteig

Wiegandg.

Yachthafen
Kuchelau

Heiligenstädter Straße

riedhof
ahlenbergerdorf

Eichelhofweg

Eichelhofstraße

Donau

Golln

Ulm

Eichelhofstr.

Kahlenberger Str.

Bockkellerstr.

Nußbergg.

Hachhoferg.

Friedhof
Heiligenstadt

Dennweg

Nußbergg.

D

Beethovenpark

Zahnradbahnstr.

Erolcag.

Kahlenberger Str.

Greinerg.

S40 D 400

**Bahnhof
Nußdorf**

Stadtwanderweg 2

Wiens absoluter Höhepunkt

542m! Der Hermannskogel darf dank dieser Höhenzahl als die höchste Erhebung von Wien bezeichnet werden. Selbst wenn wir auf die oberste Spitze des 252m hohen Donauturms hinaufklettern würden, den Hermannskogel werden wir nicht toppen. Auf dem Rundwanderweg zwischen Weingärten und Laubwäldern treffen wir nicht nur die Wiener Gemütlichkeit in Form einiger uriger Einkehrmöglichkeiten, sondern erfahren auch wenige Meter abseits des Weges etwas über die eigene Persönlichkeit. Der Lebensbaumkreis »Am Himmel« repräsentiert mit 36 Lebensbäumen und vier Jahreszeitbäumen den Verlauf eines Jahres. Finde doch auch heraus, welcher dein Lebensbaum ist und lass dich von den Mensch-Baum-Gemeinsamkeiten überraschen. Das Naschen von den Bäumen ist übrigens erlaubt.

Wegbeschreibung

❚ Nächster Halt: Sievering. Mit der Sonne im Rücken begutachten wir die Infotafel am Erbsenbach, welchen ich jedoch unweigerlich als URBsenbach ausspreche. Der Hermannskogel steht am heutigen Wanderprogramm. Die Sieveringer Straße führt uns

START & ANREISE
1190 Wien, Sieveringer Straße 166
Linie 39A › Station Sievering
(Haltestelle am Ausgangspunkt)

WEGVERLAUF
Sievering › Häuserl am Stoan › Hermannskogel › Cobenzl › Am Himmel › Gspöttgraben › Sievering

TOUR
9,6km (3¼h) | RW | 380hm

wenige Meter westwärts, kurz darauf wechseln wir in die Agnesgasse. Vor dem Reißerkreuz biegen wir rechts in die Salmannsdorfer Höhe ein ▬. Der asphaltierte Weg verwandelt sich bald in einen Waldweg, welcher uns gut markiert zum aussichtsreichen Häuserl am Stoan führt. Wir folgen den Wegweisern, unterschreiten die Höhenstraße, wenden uns daraufhin

nach rechts und biegen bei der kommenden T-Kreuzung abermals rechts in Richtung Höhenstraße ab.

Am Grüass Di a Gott Wirt zeigen die ersten Wegweiser auf den Hermannskogel, ein Wanderweg  leitet die Wandermenschen nun stetig bergauf. Wir halten uns an Wegweiser und die kommende ▬ Markierung, ehe sich die Habsburgwarte in unser Sichtfeld drängt. Der Stadtwanderweg 2 biegt kurz vor der Warte links ab, den kur-

zen Ausflug zum höchsten Punkt der Stadt Wien nehmen wir aber gerne in Kauf. Zurück am Stadtwanderweg ist unsere nächste Station das Gasthaus zum Agnesbrünnl (Stempelstation). Der Stadtwanderweg weist uns an der kommenden Wegkreuzung nach links ▬, kurz danach wenden wir uns rechts und nur wenige Meter später abermals nach rechts ▬ ▬.

An der Wegkreuzung am Latisberg folgen wir zuerst dem ▬ markierten

Lebensbaumkreis »Am Himmel«

und anschließend dem ▬ markierten Stadtwanderweg zur Höhenstraße.

Noch vor dem Cobenzl überqueren wir nach dem Schranken die Straße und wandern am asphaltierten Weg neben der Himmelstraße weiter. Wenn wir uns am Häuserl am Himmel nach rechts wenden, erreichen wir das Oktogon und den Lebensbaumkreis. Zur Linken führt der Stadtwanderweg neben der Himmelstraße weiter, ehe wir nach 50m rechts in den Gspöttgraben abbiegen. Nach der Caritas-Einrichtung biegt der Weg links in den steilen Wegabschnitt ab. Wir werden hinab zur Sieveringer Straße geleitet, an welcher wir zu unserer Linken nach wenigen Minuten die Bushaltestelle und unseren Ausgangspunkt erreichen.

AM HIMMEL SEI DANK

Bevor der Himmel durch den Gspöttgraben verlassen wird, wandert man an der Tagesstätte »Am Himmel« der Caritas Wien vorbei. Dieser Standort ist für Menschen mit intellektueller sowie mehrfacher Behinderung vorgesehen. Die pädagogische Arbeit zeichnet eine kontinuierliche Beziehungsarbeit aus, die Förderung der Selbständigkeit und Kompetenzen sowie die Entwicklung eines gesunden Selbstwertgefühls und die Teilhabe am gesellschaftlichen Leben stehen an oberster Stelle. Die Einrichtung zaubert Tag für Tag ein Lächeln in Gesichter.

Nur einen Steinwurf vom Lebensbaumkreis entfernt lädt Oktogon »Am Himmel« (Montag und Dienstag Ruhetag) zu Speis und Trank ein. Solltest du einen Platz an der Sonnenterrasse ergattern, kannst du neben regionalen Schmankerln auch eine prächtige Aussicht über Wien genießen. ▼

Esel beim Gasthaus zum Agnesbrünnl

Café-Restaurant Oktogon »Am Himmel«

Stadtwanderweg 3

Ein Dörferl in der Stadt

Bei den Stadtwanderwegen dient oftmals die Endstation der Straßenbahn als Ausgangspunkt für die bevorstehende Wanderung. So auch hier, beim Stadtwanderweg 3, welcher uns durch eine geschichtsträchtige Parkanlage führt und uns am Stadtrand sogar ein Häuserl ohne Türen und Fenster präsentiert. Von Wiens größtem Vogelhaus ist es nicht mehr weit zu einem unauffälligen Stein und noch einem anderen Häuserl, dessen Aussicht auf Wien viele als die »schönste Wiens« bezeichnen. Zu guter Letzt nehmen wir am Kräuterbach die sanfte urbane Ruhe wahr, welche auf diesem Stadtwanderweg nicht zu übersehen und schon gar nicht zu überhören ist. Eine genussvolle Wanderrunde im Hernalser Bezirksteil Neuwaldegg steht uns bevor.

Wegbeschreibung

❚ Die Infotafel an der Endstation Neuwaldegg (Straßenbahnlinie 43) stimmt uns auf die bevorstehenden 9,8 Wanderkilometer ein. Die Tafel verrät uns außerdem, dass wir die ersten Meter stadtauswärts entlang der Dornbacher Straße zurücklegen müssen und kurz darauf in die Wald-

START & ANREISE
1170 Wien, Dornbacher Straße 112
Linie 43 › Neuwaldegg
(Infotafel an der Straßenbahn-Endstation)

WEGVERLAUF
Neuwaldegg › Schwarzenbergpark ›
Hameau › Häuserl am Roan ›
Salmannsdorf › Neuwaldegg

TOUR
9,8km (3¼h) | RW | 220hm

egghofgasse einbiegen sollen ▬.Wir umgehen das Schloss Neuwaldegg im Uhrzeigersinn und nutzen die erste Abstiegsmöglichkeit in den Schwarzenbergpark.

Die Allee führt uns zum Karl-Panek-Denkmal am Parapluieteich und biegen hier rechts auf einen Asphaltweg ab. Dem Weg folgen wir zu einer

Idylle im Schwarzenbergpark

T-Kreuzung, wenden uns dem linken Weg ▬ zu und folgen bei der nächsten Lichtung dem markierten Waldweg geradeaus. Bei der folgenden Gabelung wird der breite Waldweg begangen und die blaue Markierung ignoriert, auch wenn wir bald wieder auf diesen Weg stoßen werden. Die Forststraße führt uns nun zum Namensgeber dieser Tour: dem Hameau.

Am Hameau folgen wir dem Trampelpfad zur Rechten und stoßen auf einen ▬ markierten Wanderweg, welchem wir rechts in Richtung Dreimarkstein folgen. Kurz vor dem Häuserl am Roan (Stempelstation) biegt der Stadtwanderweg rechts unter die Höhenstraße ab, der ▬ markierte Weg führt uns zur Salmannsdorfer Straße.

An der Asphaltstraße biegen wir rechts ab und wenden uns nach einer Minute Gehzeit links einem Waldweg zu. Der Kleeblattweg ist bald erreicht, ebenso die Keylwerthgasse, welche

Wiese im Schwarzenbergpark

wir überqueren und unseren Weg zur Rechten am Gehweg neben der Straße fortsetzen. Nur wenige Schritte später wechseln wir halblinks auf einen ▭ markierten Waldweg. Ohne große Höhenunterschiede wird die Wandertour im romantischen Kräuterbachtal zum Genuss.

An einer Kehre treffen wir wieder auf eine Asphaltstraße, gehen die Geroldgasse bergab, sie führt uns weiter zur Neuwaldegger Straße. Wir überqueren die Straße, wenden uns links der Bushaltestelle zu und biegen nach dieser rechts auf einen Trampelpfad ab, welcher uns wieder in den Schwarzenbergpark führt. An der Allee biegen wir links ab und erreichen auch schon unseren Ausgangspunkt in Neuwaldegg.

HOLLÄNDERDÖRFL

Das Hameau kann getrost für Fremdsprachen-Übungen genutzt werden, denn das französische Wort »Hameau« wird von manchen Menschen wie eine Au-Landschaft ausgesprochen. Dabei wird das Hameau im Wienerwald korrekt »a mo« ausgesprochen, obwohl es auch als »Holländerdörfl« bekannt ist. Für die Gäste des österreichischen Feldherrn Franz Moritz Graf von Lacy wurden am höchsten Punkt des Schwarzenbergparks im 18. Jahrhundert 17 Hütten errichtet, vor jeder Hütte wurde nach holländischem Vorbild ein Baum gepflanzt. Nach des Grafen weltlichem Abgang verfiel das Dörfl. Ein Wirtshaus lockte nach dem zweiten Weltkrieg die WienerInnen auf das Hameau, übrig blieb leider nur ein Haus ohne Fenster und Türen.

Graf Lacy erwarb 1765 das Schloss Neuwaldegg und ließ das Gelände zum heutigen Schwarzenbergpark umgestalten. Seit 1958 wird er als Naherholungsgebiet genutzt. ▼

Der Biedermeier-Sprayer Kyselak war da!

Graf von Lacys Grab

Stadtwanderweg 4

Rosen, Silber & Jubiläen

©AdobeStock/midgardson

Am Stadtwanderweg 4 ist im Grunde alles klar, nur die Gehzeit nicht. Denn man kann kaum vorhersagen, an welchen bezaubernden Orten man hängenbleibt. Von diesen genussvollen Plätzen gibt es am Weg zwischen Dehnepark und Kreuzeichenwiese genug. Wer sich noch am Dehneparkteich vorbeischummelt, wird spätestens am Silbersee die Augen nicht verschließen können und den Beinen eine kurze Ruhepause gönnen, um sie ins kühle Nass baumeln zu lassen. An der Jubiläumswarte kann man die Zeit ebenso gut verstreichen lassen, wie auch an der schönen Kreuzeichenwiese. Schnurstracks an der Steinbruchwiese vorbeizugehen ist eine Herausforderung, vor allem wenn der Magen knurrt und die Grillplätze in Betrieb sind. Und zu guter Letzt lädt dich das Kleine Schutzhaus im Rosental ganzjährig in die Gaststube ein.

Wegbeschreibung

▌ Am Startpunkt erwartet uns diesmal keine Informationstafel der Stadt Wien. Noch nicht! Denn gehen wir die Linzer Straße nur wenige Meter weiter stadtauswärts und biegen wir rechts in die Rosentalgasse ein, erbli-

START & ANREISE
1140 Wien, Linzer Straße 394
Linie 49 oder 47B › Rettichgasse
(Haltestelle am Ausgangspunkt)

WEGVERLAUF
Linzer Straße › Dehnepark › Silbersee › Jubiläumswarte › Kreuzeichenwiese › Dehnepark › Linzer Straße

TOUR
7,7km (2½h) | RW | 260hm

cken wir vor der Dehnegasse die ersehnte Tafel zu den Stadtwanderwegen 4 und 4a.

Nach dem Haus Dehnegasse 15a betreten wir den Dehnepark, umgehen den Waldspielplatz zur Rechten und spazieren weiter zum Dehneparkteich. Abermals führt der Stadtwanderweg rechts vorbei und leitet uns

Installation »Vergessene Quellen«

über einen Steg am Rosenbach zur asphaltierten Rosentalgasse. Diese beehren wir vorerst nur, um sie zu überqueren, denn es geht einen steilen Schotterweg bergauf. Am Silbersee lohnt es sich den Rucksack abzulegen und kurz mal zu verschnaufen. Eine Rechtskehre am Teich führt uns weiter bergauf, die folgende Linkskehre nehmen wir ebenfalls mit Schwung. Wir treffen auf eine Lichtung, der ausgetretene Pfad leitet uns zur Steinböckengasse, welche wir leicht bergauf

wandern. Ein Schranken kann uns nicht am Weiterweg hindern, die Schotterstraße führt zur Pappelstraße und in die Wickengasse 🏳. Nach einer Linkskurve gehen wir leicht bergauf, von links mündet die Ziehstgasse ein, rechts biegen wir auf einen Waldweg zur Jubiläumswarte und zur Waldschule **(Stempelstation)** ab 🏳. Am kleinen Parkplatz nach der Waldschule informiert uns wieder eine Tafel über den weiteren Verlauf und wir wandern nun gemeinsam mit dem

Aussicht von der Jubiläumswarte

Stadtwanderweg 4a zur Kreuzeichen-wiese ▬ ▬.

Bevor wir aber diese Wiese betreten, folgen wir dem Stadtwanderweg 4 in einem Rechtsbogen und wandern wieder leicht bergab ▬. Die Otto-König-Warte lassen wir rechts liegen, überqueren die Johann-Staud-Straße, gehen am Jubiläumswarte-Teich links vorbei zur Steinbruchwiese und folgen dem ▬ markierten Weg bergab zur Loiblstraße. Der Weg führt uns über den Rosenbach, kurz vor einer Rechtskurve wenden wir uns halblinks dem ▬ markierten Weg in Richtung Hütteldorf Straßenbahn zu. Dann wandern wir das Rosental bergab, treffen wieder auf den Dehnepark und spazieren zurück zum Ausgangspunkt.

LUST, AUF EINE HERRLICHE AUSSICHT?

Es ist ein wunderschöner, klarer Tag und du hast Lust, den Schneeberg zu sehen? Du willst aber keine weiten Strecken überwinden? Dann steig auf die 31m hohe Jubiläumswarte und erhasche nicht nur einen Blick auf den höchsten Berg Niederösterreichs, sondern auch auf die Hainburger Berge sowie das Leithagebirge. 1898 wurde der erste Aussichtsturm auf der Vogeltennwiese errichtet, allerdings noch im selben Jahr von einem Sturm umgerissen. Ein Jahr später kam der Nachfolger: der von der Jubiläumsausstellung 1898 im Prater erworbene Eisenturm. Seit 1956 sorgt nun diese Stahlbeton-Warte für klare Aussichts-Verhältnisse.

Sie ist das erste waldpädagogische Informationszentrum Österreichs und wurde 1998 von der MA49 initiiert: die Waldschule Ottakring. Jährlich werden 5.000 SchülerInnen die Zusammenhänge des Waldes in der Natur vermittelt. ▼

Waldspielplatz im Dehnepark

Waldschule Ottakring (Stempelstation)

Stadtwanderweg 4a

Wilhelminenberg Genussrunde

Wer sich Wien erGEHt, hat's gut: Einfach direkt von einer U-Bahn-Station in einen Stadtwanderweg starten. Der »4a« macht's möglich. Anders als beim »normalen 4er« bewegen wir uns hier mehr in urbanen Gebieten, lassen jedoch das Naturerlebnis rund um die Kreuzeichenwiese und auch die kulinarischen Schmankerln nicht zu kurz kommen. Für Verköstigung ist gesorgt, wollen doch am Wegbeginn der Grünspan, die »schönste Biergaststätte Wiens«, sowie am Ende der Tour die »10er Marie«, der älteste Heurige Wiens, besucht werden. Auch am Wilhelminenberg selbst können im Schlossrestaurant knurrende Mägen gütlich gestimmt werden. Und ihr fragt mich, was wir entlang der Strecke noch kennenlernen werden? Natürlich die typische Alt-Ottakringer Gemütlichkeit!

Wegbeschreibung

▌ An der U-Bahn-Endstation der Linie U3 Ottakring schnappen wir uns unseren Rucksack, schwingen uns aus der U-Bahn und verlassen die Station Richtung Thaliastraße. Wir begehen diese unter der Eisenbahnlinie hindurch und wandern stadtauswärts.

START & ANREISE
1160 Wien, Paltaufgasse 16
Linie U3, S45, 44 oder 46 › Ottakring (Haltestelle am Ausgangspunkt)

WEGVERLAUF
U3 Ottakring › Feuerwache Steinhof › Kreuzeichenwiese › Eselstiege › Montléart-Mausoleum › U3 Ottakring

TOUR
9,1km (3h) | RW | 300hm

Am Grünspan bleiben wir der geraden Gehrichtung treu und wechseln nun auf die Gallitzinstraße.

Nur zehn Minuten später lässt uns der Weg halblinks in die Funkengerngasse an der Katharinenruhe abbiegen, wenige Meter danach geht es für uns links in den Rolandweg. An der Kuffner Sternwarte biegen wir rechts

Kuffner Sternwarte

in die Johann-Staud-Straße ab, welche uns zur Feuerwache Am Steinhof und danach (150m), bis zu einem rechts abbiegenden Waldweg führt. Den Parkplatz lassen wir links liegen, überqueren die Asphaltstraße und folgen der ▬ Markierung bergauf zum kleinen Parkplatz neben der Waldschule **(Stempelstation)**.

Weiter am Stadtwanderweg 4 entlang begehen wir den Waldweg zur Kreuzeichenwiese ▬ ▬. Unser Weg 4a führt nun schräg nach rechts über die Kreuzeichenwiese. Wir verlassen uns auf die ▬ Markierungen und Wegweiser und gelangen auf einen Waldweg der bergab führt und schmäler wird. Die Zivilisation in Form von Wohnhäusern hat uns wieder. Neben uns plätschert der Dornbach.

Nach einem Schranken erreichen wir die Andergasse, biegen rechts und kurz darauf abermals rechts auf die Franz-Glaser-Gasse ab. Die Eselstiege

erwartet uns, an deren Ende wir uns rechts halten. Wir wandern an der Villa Aurora vorbei und biegen nach wenigen Minuten an der Savoyenstraße beim Mausoleum Montléart links ab.

Vor uns erblicken wir das Schloss Wilhelminenberg. Ein Trampelpfad führt uns bergab auf den Sprengersteig, weiter auf den Paulinensteig und auf die Wilhelminenstraße. Rechts in die Kolburggasse, an dessen Ende links in die Erdbrustgasse und nach den Sportplätzen des Wiener Sportklubs ebenfalls links halten. Die letzten Meter führen uns durch die Fußgängerzone am Heurigen 10er Marie vorbei zu den Bahnbögen, an welchen wir rechts in die Weinheimergasse abbiegen und schon sind wir wieder an der U3-Station Ottakring angelangt.

STERNENHOTEL

Ist Dir der Schwarzschild-Exponent ein Begriff? Nein? Nun, dieser für die chemische Astrofotografie wichtige Begriff entstand in den Räumen der Kuffner-Sternwarte, in welcher der Astronom Karl Schwarzschild ab 1897 für zwei Jahre beschäftigt war. Und die Sternwarte ist heute noch in Betrieb. Jeden Sonntag und Montag ab 20h lädt die »Offene Sternwarte« zur Besichtigung ein. Ebenfalls kann das Schloss Wilhelminenberg besichtigt werden, und zwar als Nächtigungsgast. Denn das erstmalig 1781 erbaute und am Anfang des 20. Jahrhunderts abgerissene und neu gebaute Schloss wird heute als Hotel genutzt.

Sie wurde »Engel vom Wilhelminenberg« genannt. Wilhelmine von Montléart (1820 bis 1895) bewohnte mit ihrem Mann Fürst Moritz von Montléart das Schloss Wilhelminenberg und hatte maßgeblichen Anteil am Bau des Wilhelminenspitals. Sie und ihr Mann wurden beide im Montléart Mausoleum bestattet. ▼

Blick auf Wien

Montléart Mausoleum

Heuberg

Gemeindewald

Kreuz-
eichenwiese

Eselstiege 44A

Andergasse

Eselstiege

Stempel
Waldschule und
Jubiläumswarte

Montléart-
Mausoleum

Johann-Staud-Straße

Sprengersteig

Otto-König-
Warte

Schloss
Wilhelminenberg

Savoyenstraße

Steinbruch

Hertlgasse

Gallitzinstraße

Johann-Staud-Straße

Heschw.

Feuerwache
Am Steinhof

46A 46B

Heschweg

Pöttin...

Erholungsgebiet
Steinhof

Kirche
am Steinhof

Klinik Penzing
(ehem. Otto-Wagner-Spital)

Sanatoriumstraße

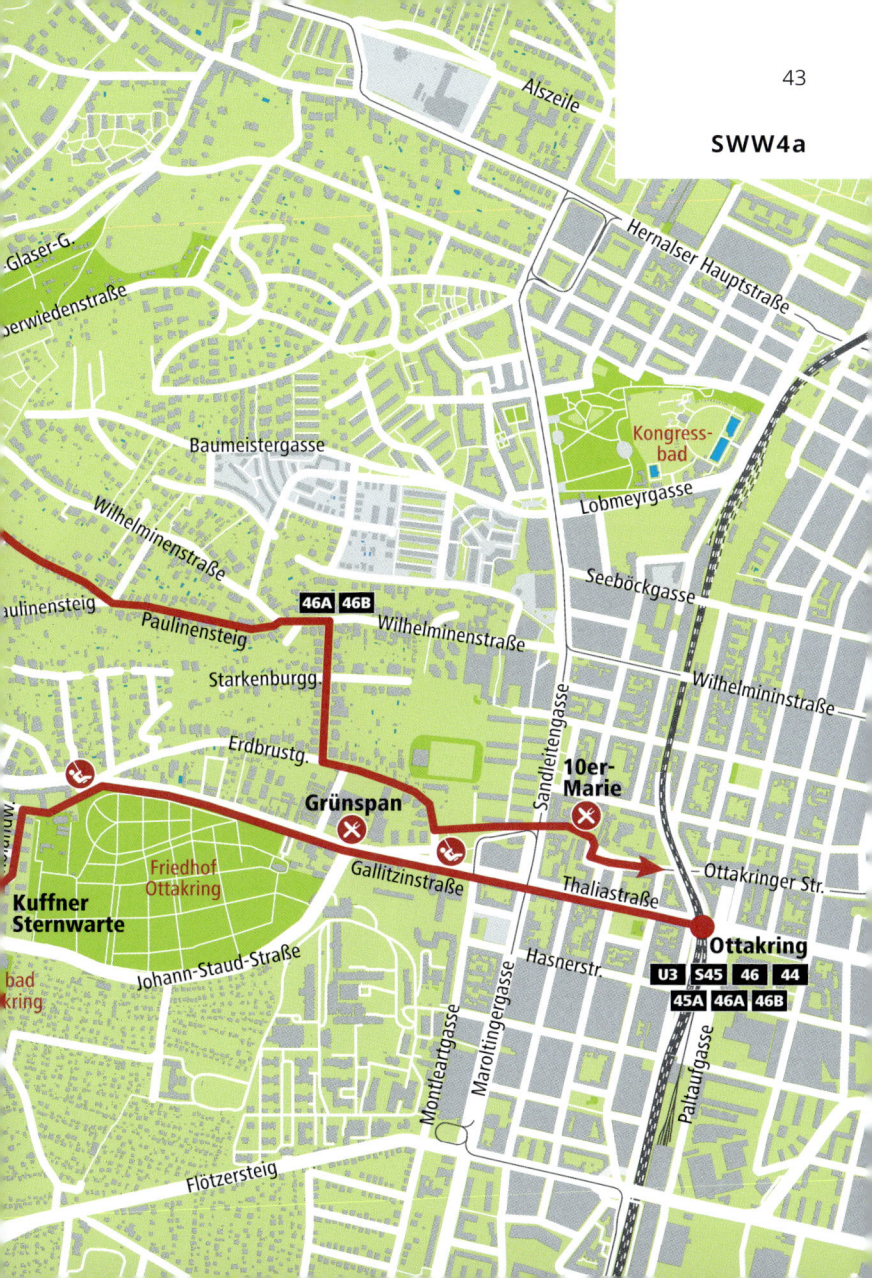

Stadtwanderweg 5

Transdanubiens Naturschätze

Der 21. Bezirk war lange Zeit Schauplatz des einzigen Stadtwanderweges auf der »anderen« Seite der Donau, ehe im 22. Bezirk der Stadtwanderweg 10 hinzukam. Auch wenn wir uns im Bezirk Floridsdorf befinden, wirkt Stammersdorf am Südhang des Bisamberges wie etwas Eigenes, ja fast Besonderes. Doch nicht nur der Ort an sich lädt zum Verweilen ein. Der am Stadtrand gelegene Magdalenenhof bietet kulinarische Gaumenfreuden an, während nebenan im Streichelzoo gemeckert & gegackert wird.

Am höchsten Punkt unseres Weges, der Eichendorff-Höhe, genießt du eine herrliche Aussicht auf Wien und kannst dich am Waldspielplatz austoben. Ruhiger wird es am Herrenholz, ehe wenig später auf urigen Kellergassen der Ort Stammersdorf erreicht ist. Ein Platz zum Wohlfühlen!

Wegbeschreibung

❚ Die Straßenbahnendstation Stammersdorf ist unser Ausgangspunkt. Schräg nach links blickend führen uns die ersten Meter am Stadtwanderweg auf die Josef-Flandorfer-Straße. Nach einigen Gehminuten biegen wir rechts

START & ANREISE
1210 Wien, Josef-Flandorfer-Straße 1-5
Linie 30, 31, 510 › Stammersdorf
(Haltestelle am Ausgangspunkt)

WEGVERLAUF
Stammersdorf › Stammersdorfer-Kellergasse › Eichendorff-Höhe › Herrenholz › Freiheitsplatz › Stammersdorf

TOURLÄNGE
10,4km (3¼h) | RW | 170hm

in die Luckenschwemmgasse ab, überqueren die Stammersdorfer Straße und begehen die schmale Liebleitnergasse, welche uns an der Kirche vorbei zur Clessgasse führt. Einmal kurz links und nach wenigen Metern rechts auf gepflastertem Wege leicht bergauf. Wir passieren den Ritter Luchi und biegen vor einer Brücke links auf einen Traktorweg ab.

Weinbau in Stammersdorf

Am Parkplatz an der Stammersdorfer Kellergasse lächelt uns eine Infotafel zum Stadtwanderweg entgegen. Die asphaltierte Senderstraße führt leicht bergauf, gegenüber dem Haus Senderstraße 86 verlassen wir die Straße auf einen Trampelpfad. Die Wegweiser führen uns am Wiesen- und Feldrand zu einer Wegkreuzung, an welcher wir dem schmalen Pfad halblinks leicht bergab folgen. Einen freien Blick auf Wien erleben wir am kommenden Wiesenhang, ein Rastplatz

lädt hier zum Verweilen ein. Die folgende Asphaltstraße führt uns zum Magdalenenhof (Stempelstation), an welchem für kulinarische Versorgung gesorgt ist.

Links neben der alten Villa, welche auch als Kulisse einer Kommissar-Rex-Folge diente, führt ein gepflasterter Weg auf die Eichendorff-Höhe. Am Denkmal Josef Eichendorffs biegen wir rechts auf den Kallusweg ab und genießen am asphaltierten Weg

die Aussicht auf Wien. Stets am Waldrand gehend leitet uns nach einem Waldspielplatz der beschilderte Weg bergab zur oberen Kellergasse, diese queren und am beschilderten Mitterhaidenweg am Herrenholz entlangwandern. Auf freier Fläche folgen wir dem Trampelpfad in einem Rechtsbogen und wandern die kommende Luckenholzgasse bergab zur schon bekannten Clessgasse. Links abbiegend begehen wir die Gasse bis zu dessen Ende, zur Rechten landen wir bald am Freiheitsplatz.

Über die Stammersdorfer Straße und Herrenholzgasse ist die Straßenbahnstation wieder schnell erreicht, wenn wir nicht schon ein Platzerl in einem urigen Heurigen gefunden haben.

SEHENSWÜRDIGKEITEN

Kurz vor dem Magdalenenhof wandern wir am denkmalgeschützten Sendergebäude Bisamberg vorbei, fast nicht zu übersehen ist die Betonfassade mit Glasfront. Was hier jedoch fehlt, sind die beiden 120m und 265m hohen Sendemasten, welche von 1956 bis 1995 die Senderhauptkontrolle für alle Fernseh- und Radioprogramme innehatten. Bis 2010 war der Nordturm auch als höchstes Bauwerk Österreichs gelistet, ehe die Türme in jenem Jahr gesprengt wurden. Gekracht hat es auch rund um das Herrenholz im zweiten Weltkrieg, selbst wenn das Areal nie umkämpft war. Doch befand sich im Wald ein Flugmotorenwerk, welches entgegen der allgemeinen Meinung nicht bei Luftangriffen zerstört wurde, sondern 1947 abbrannte und danach gesprengt wurde. Im Jahr 2002 wurden die letzten Überreste abgetragen.

Militärruine, zu finden auf der Schanze X am Fuße des Bisambergs. ▼

Ziegen am Magdalenenhof   Alte Schanze X

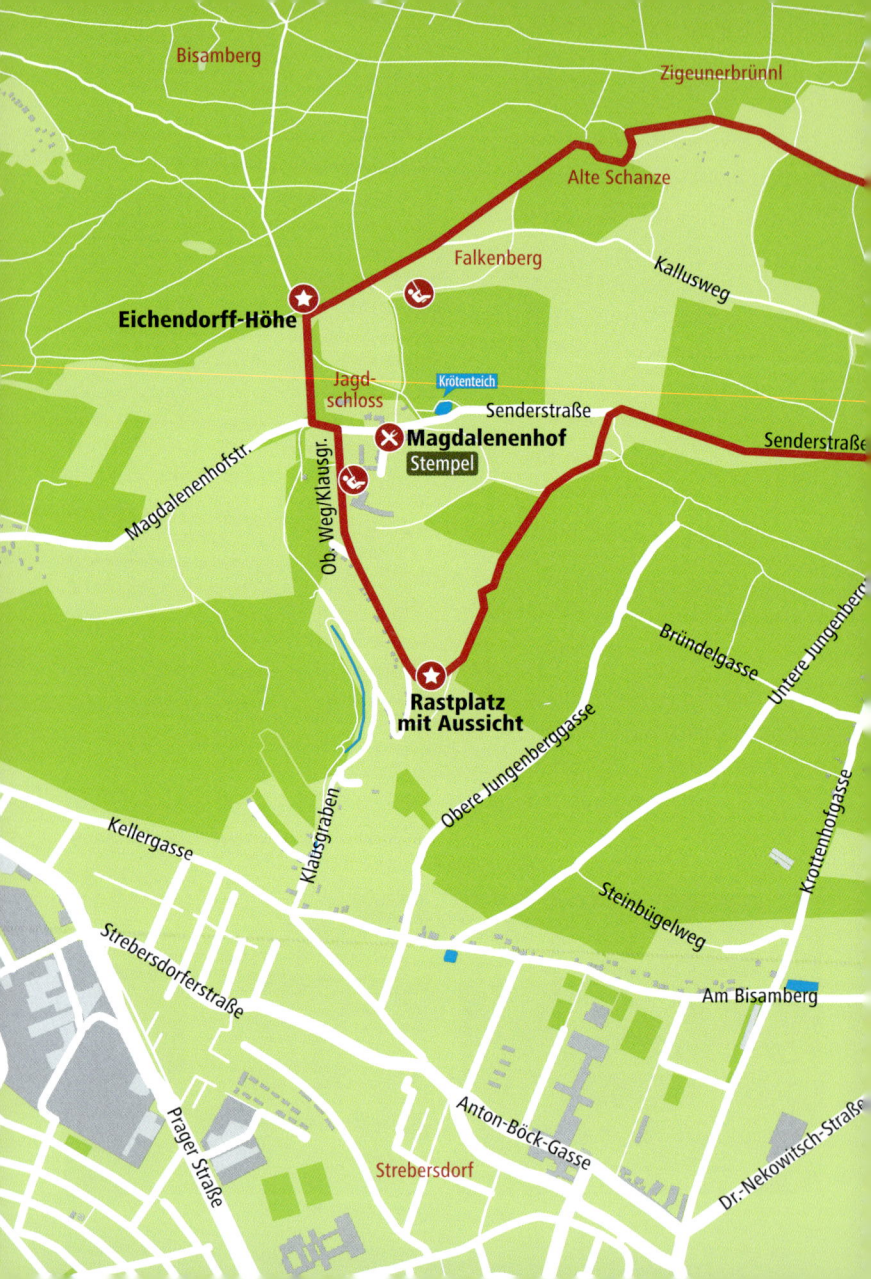

Alte Schanze X
Militärruine

Alte
Schanze VII

Mitterhaidenweg

Alte Schanze XII

Stammersdorfer Kellergasse

Herrenholz

Wolfersgrünweg

Alte
Schanze XIII

Alter Pulverturm
Rastplatz

Mitterhaidenweg

Steinernes Kreuz

501

In den Gabrissen

Luckenholzgasse

Schießstätte
Stammersdorf

Stammersdorfer Kellerg.

Breitenweg

Clessgasse

St. Nikolaus Kirche

Stammersdorf

Erbpostgasse

Brunner Straße

30A 501 510
Freiheitsplatz

Stammersdorfer Str.

Josef-Flandorfer-Str.

Luckenschwemmg.

Jedlersdorferstraße

30 31 510
Stammersdorf

Stammersdorfer Str.

Brunner Straße

Stadtwanderweg 6

Sanfte Wiesen – tolle Ausblicke

Du suchst landschaftliche Höhepunkte? Dann nichts wie rein in den Stadtwanderweg im Südwesten Wiens! Auch wenn es nur ein kleines Waldstück am Zugberg im Wiener Stadtgebiet ist, den ganz eigenen Charakter eines Föhrenwaldes solltest du dir nicht entgehen lassen.

Von hier aus wandern wir auf einem der schönsten Wiener Wanderwege zur Wiener Hütte und dürfen im Gastgarten die Aussicht in den Süden genießen. Dem steht die aussichtsreiche Eichwiese nichts nach und verleitet uns zu einer ausgiebigen Wiesenrast. Träumend in den blauen Himmel schauen. Herrlich! Wenn du aber doch eher an Kulturhighlights interessiert bist, zahlt sich ein Abstecher zur Wotruba-Kirche und zum Sterngarten aus, sodass sich die gesamte Wanderung am wunderbar vielfältigen Stadtwanderweg 6 lohnt.

Wegbeschreibung

❙ Von der Straßenbahnstation Rodaun gehen wir ein kurzes Stück zur Ketzergasse zurück und biegen an dieser links ab. An einer Rechtskurve der B13 wenden wir uns nach links in die

START & ANREISE
1230 Wien, Ketzergasse 439-443
Linie 60 oder 60A › Rodaun
(Haltestelle am Ausgangspunkt)

WEGVERLAUF
Rodaun › Rodauner Kirchenplatz ›
Wiener Hütte › Eichwiese › Gasthof
Schießstätte › Kalksburg › Rodaun

TOUR
13,5km (4¼h) | RW | 390hm

Willergasse und wandern bergauf zum Rodauner Kirchenplatz. Der Weg führt über einen Waldsteig zu einer T-Kreuzung bergauf. Bei dieser rechts dem Weg durch den Föhrenwald folgen. Nur von kurzer Dauer ist der Föhrenwaldcharakter, denn es geht wieder abwärts. An der Mauer des Kollegiums Kalksburg biegen wir links ab  und wandern nun für län-

Torbogen in Kalksburg bei der Mackgasse

gere Zeit auf einem Schotterweg mit schönen Ausblicken. An der Wiener Hütte führt der Weg rechts auf eine  markierte Forststraße die uns bergab in Richtung Häuser leitet. Kurz davor biegen wir an der Wegkreuzung rechts ab.

Der Waldweg lichtet sich und führt an einem Schranken vorbei auf eine Asphaltstraße. Diese biegen wir nach links zur Liesingtal Stub'n (Stempelstation), danach gehts durch einen schmalen Durchgang in Richtung B13. An der Bushaltestelle queren wir die stark befahrene Straße und biegen rechts auf den Gehsteig ab. Nach wenigen Metern folgen wir einem Trampelpfad halblinks die Straße verlassend in Richtung Dorotheerwald. Wegweiser und eine Markierung führen uns durch Laubwald, ehe die Eichwiese für einen wunderbaren Panoramablick sorgt. Wir folgen dem Pfad über die Wiese und wandern bergab zur Gütenbachstraße.

Abstecher zum Pappelteich

Nach kurzem Asphaltkontakt unter den Füßen, führt uns ein Wiesenweg bergauf in den Maurer Wald an einem Wasserbehälter vorbei zur nächsten Station: dem Gasthof Schießstätte. Vor dem Waldspielplatz biegen wir rechts ab, entlang des »rundumadum«-Weges wandern wir nun zu einer großen Wegkreuzung am Rand einer Rodelwiese. Leicht bergab führt uns eine Asphaltstraße nach Kalksburg, wir überqueren die Breitenfurter Straße und biegen vor dem Torbogen rechts in die Mackgasse ein.

Am Ende der Gasse links auf den Promenadeweg abbiegen und vor der Nepomukkapelle auf einem Steg die Reiche Liesing überqueren. Die Ketzergasse führt uns wieder zur bekannten B13 und retour zum Ausgangspunkt.

EINZIGARTIGKEIT AM ZUGBERG

Nur ein sehr kleines Areal im Wiener Stadtgebiet mit einer eigenen Flora und Geologie ist das Gelände zwischen Zugberg und Kalksburg. Hier findet sich mit dem über 130 Millionen Jahre alten Kalkstein Wiens ältestes Gestein. Gut sichtbar an der Mitzi-Langer-Wand präsentiert sich der Abbruchwand eines ehemaligen Steinbruches, heute vor allem bei Klettermenschen beliebt. Dank dem durchlässigen Kalkstein ist das Gebiet jedoch wenig fruchtbar. Auffallend auf dem Abschnitt am Zugberg sind daher die trockenen Böden. Diese mangelnde Bodenfeuchtigkeit ist verantwortlich für die Waldcharakteristik am genannten Höhenrücken und die ideale Voraussetzung für den einzigen natürlichen Schwarzföhrenbestand im Wiener Stadtgebiet.

Der Dorotheerwald ist als Kernzone im Biosphärenpark Wienerwald ausgewiesen. Das bedeutet für den Menschen, der Natur respektvoll gegenüber zu treten. ▼

Aussicht am Stadtrand

Infoschild Biosphärenpark

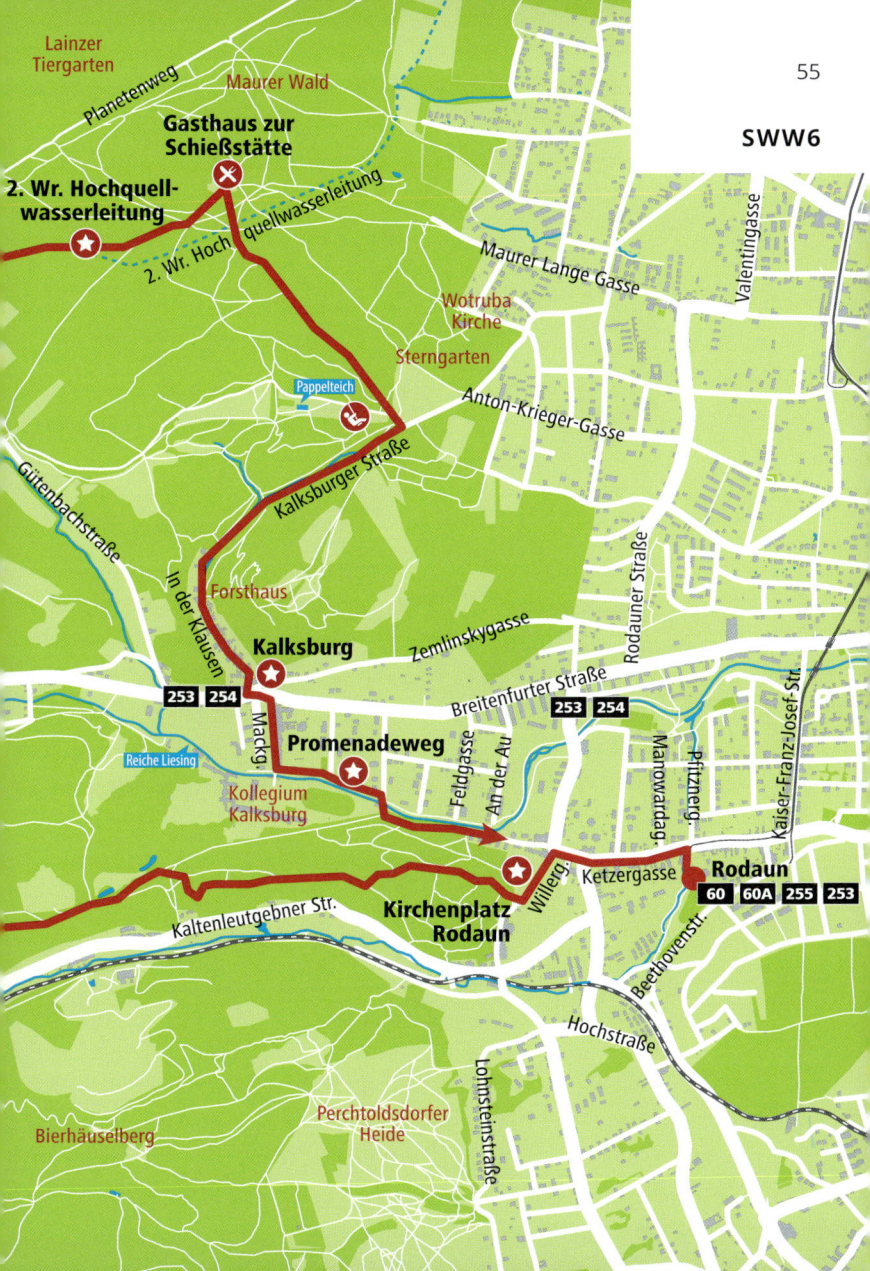

©AdobeStock/Martin Freinschlag

EU-SCHULPROGRAMM

Einfach regional, einfach natürlich, einfach Schulmilch!

Bereits seit 30 Jahren erzeugen bäuerliche Betriebe aus ihrer Milch hochwertige Schulmilchprodukte aus der Region für die Kindergärten und Schulen Österreichs. Sie tragen dadurch einen großen Teil für eine ausgewogene Ernährung unserer Kinder bei. Durch das geförderte EU-Schulprogramm für Milch, Obst und Gemüse werden den Kindern die Themen gesunde Ernährung sowie Herkunft regionaler Lebensmittel nähergebracht.

Ein kurzer Weg von der Kuh zu den Kindern.

Die auf den Betrieben gemolkene Milch wird direkt in den Hofmolkereien verarbeitet. So entstehen kurze bis gar keine Transportwege von der Milchgewinnung bis zur Verarbeitung. Die Einhaltung höchster Hygienestandards wird stets berücksichtigt und auch kontrolliert. Anschließend werden die Schulmilchprodukte direkt zur Verteilung in die Schulen oder Automaten geliefert. Durch diese Regionalität wird auch zur Vermeidung klimawirksamer Emissionen beigetragen.

So natürlich wie möglich.

Den Schulmilchprodukten werden weder Süßungsmittel, Geschmacksverstärker oder Koffein noch Salz und Fette zugesetzt. Um einer Süßprägung des Geschmacks entgegen zu wirken, ist der Zusatz von Zucker streng limitiert. Ab dem Schuljahr 2022/23 wird dieser auf einen Anteil von aktuell 4,5% auf maximal 3,5% reduziert.

Wie kommt mein Kind zur Schulmilch?

Jede Schule und jeder Kindergarten in Österreich können am EU-Schulprogramm teilnehmen und so den Kindern mit regionalen Lebensmitteln eine Möglichkeit zu einer ausgewogenen Ernährung bieten. Dabei entsteht kein Mehraufwand, da der Schulmilchbauer die Förderabwicklung mit der Agrarmarkt Austria durchführt.

Die regionalen Schulmilchbauern bieten mit Einverständnis der Schule gerne auch Verkostungen und Exkursionen an. Weitere Informationen: www.ama.at/Fachliche-Informationen/Schulprogramm

Bleiben Sie immer am Laufenden und folgen uns auf Facebook und Instagram!

MIT FINANZIELLER UNTERSTÜTZUNG DER EUROPÄISCHEN UNION

Stadtwanderweg 7

Viel Vergnügen am Laaer Berg

Heute sollen es mal wenige Höhenmeter, dafür viele Höhepunkte sein? Dann ist der Weg rund um den Laaer Berg genau die richtige Wahl. Gerade einmal 180 Höhenmeter verteilt auf über 14 Kilometer lassen dich kaum ins Schnaufen kommen, außer du nimmst die Tour im Lauftempo in Angriff. Solltest du aber nicht, sonst wird Dir einiges am Weg entgehen.

Ein besonderes Highlight ist die Durchquerung des Böhmischen Praters. Der originale Vergnügungspark kann kaum der Größe wegen, aber dank dem eigentümlichen Stil sehr wohl mit dem großen Wurstelprater mithalten. Während man eine Riesenradrunde dreht, wirft man einen Blick auf die weitere Wanderstrecke zwischen Liesingbach und Heuberggstätten und freut sich: ja, das ist Wien.

Wegbeschreibung

▌Wir starten in der Mitte des Verteilerkreises in Favoriten und wandern auf Geh- und Radwegen zum weithin sichtbaren Fußballstadion (Generali Arena) in Favoriten. Der Weg führt am Stadion entlang und geradeaus zur Theodor-Sickel-Gasse, an wel-

START & ANREISE
1100 Wien, Favoritenstraße 231
Linie U1 oder 15A › Altes Landgut (Haltestelle am Ausgangspunkt)

WEGVERLAUF
Altes Landgut › Böhmischer Prater › Löwygrube › Kurpark Oberlaa › Heuberggstätten › Altes Landgut

TOUR
14,2km (4h) | RW | 180hm

cher wir links abbiegen und die Laaer-Berg-Straße überqueren.

Auf der anderen Straßenseite verläuft der Weg nach links zur Urselbrunnengasse, diese begehen wir bis zum Abzweiger zum Böhmischen Prater. Umrahmt von Ringelspielen durchschreiten wir den Prater und betreten die Löwygrube. Die Beschilderung

Portal Laaer Wald

führt uns durch das Gelände zum Löwyweg, wir überqueren die kommende Querstraße und gehen die Bleichsteinerstraße bis zu deren Ende. Wir halten uns rechts und marschieren weiter am Trampelpfad.

An der nächsten Kreuzung biegen wir rechts ab. Vor Häusern links halten, wandern wir nun am Rand des Kurparks Oberlaa entlang und folgen den Wegweisern nach einer S-Kurve auf einen breiten Karrenweg. Die kom-

mende Kreuzung weist uns rechts in Richtung Oberlaa. Wir begehen die Bahnunterführung zu unserer Linken und wandern zur Unter-Laaer Straße, welche wir beim Brückenwirt (**Stempelstation**) queren, worauf wir dem Geh- und Radweg neben der Liesing flussaufwärts für 3,5km folgen.

Kurz vor einer querenden Eisenbahnbrücke führt der beschilderte Weg nach rechts von der Liesing weg. Die nächste Straße überqueren wir und

Entlang der Liesing

kreuzen über Brücken zwei Bahnstrecken. Im parkähnlichen Gelände führt der Weg neben dem Waldstreifen nach Norden zur Per-Albin-Hansson-Straße, diese wird gequert und der geradeaus führende Asphaltweg benutzt. Kurz bevor man eine Straße erreichen würde, wenden wir uns halblinks einem Wiesenweg zu.

Nach der Kirche am Holeyplatz biegen wir links ab und überqueren die Autobahn. Am Rand der Heuberggstätten führt der Stadtwanderweg leicht bergauf zu einer Wegkreuzung am Wald der jungen WienerInnen, an welcher wir rechts abbiegen.

Den Wohnpark lassen wir links liegen, überqueren den Verteilerkreis und sind wieder am Ausgangspunkt.

FÜR ZWEI- UND VIERBEINER

Mit der Löwygrube und der Heuberggstätten betreten wir bei der Tour am Stadtwanderweg rund um den Laaer Berg zwei der größten Hundeauslaufzonen von ganz Wien. Dementsprechend werden Hundeliebhaber auf ihre Kosten kommen und können ohne weitere Sorgen den geliebten Vierbeiner mit auf diese Wanderung nehmen. Auch wenn der Rummel im Böhmischen Prater nichts für zarte Hundeohren sein wird, langzottelige Wasserratten werden dafür am schönen Weg neben der Liesing ihre Freude kaum verbergen können.

Von Anfang März bis Anfang November ist der Böhmische Prater an Wochenenden bei Schönwetter geöffnet. In den Sommermonaten täglich. Auch im Winter kann man den am Ende des 19. Jahrhunderts entstandenen Prater erkunden. Die urige Stimmung ist einzigartig und weckt das Kind in jedem von uns. ▼

Böhmischer Prater

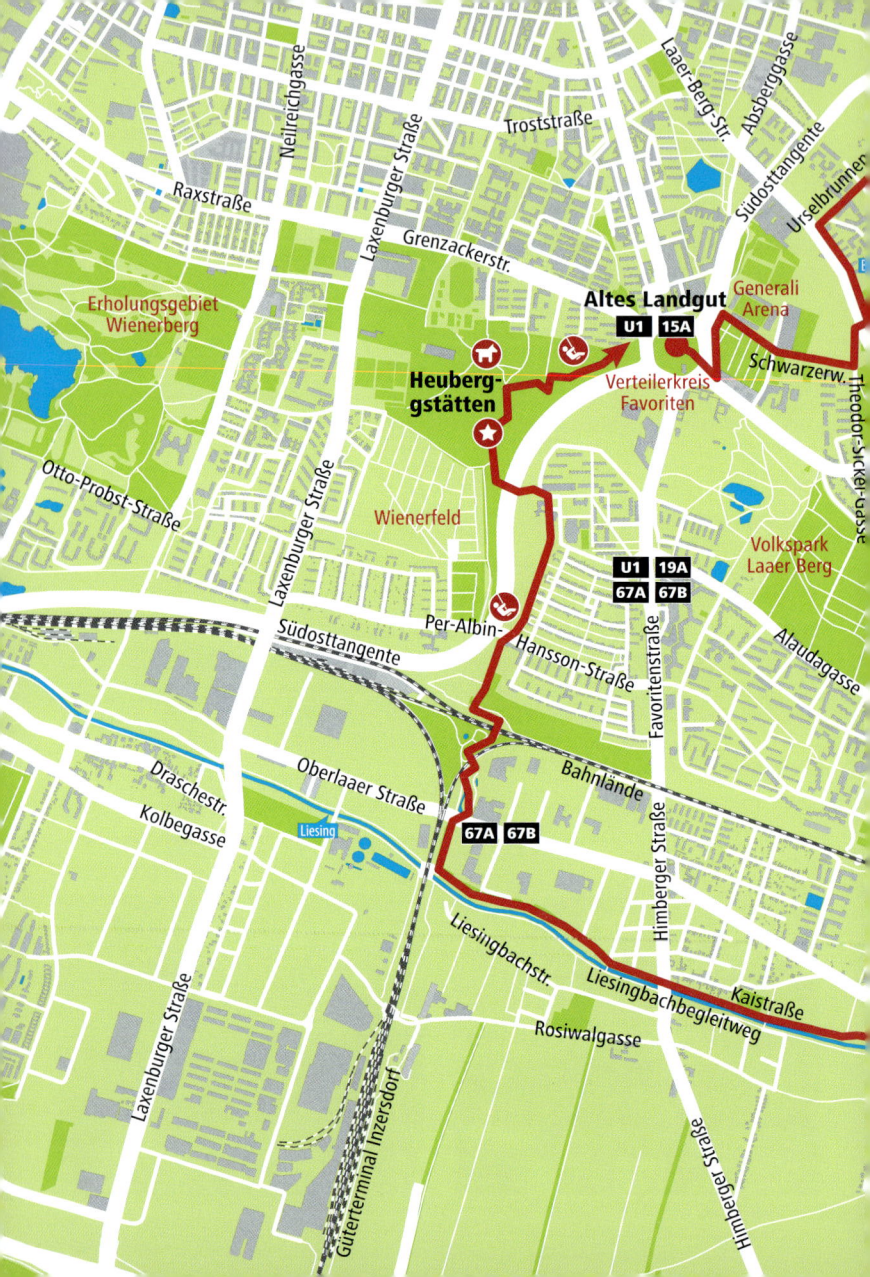

Böhmischer Prater

Laaer Wald

Grillgasse

S60

P

Erholungs- gebiet Laaer Wald

Löwygrube

Löwyweg

Bleichsteinerstr.

Wienerberg Bundesstraße

15A

Bitterlichstr.

Amarantgasse

Grenzstraße

Zentralfriedhof 1. Tor

Kaiser-Ebersdorfer Str.

Zentralfriedhof

Filmteichstr. 68A

Goldberg

Kurpark Oberlaa

Therme Wien

U1 17A 70A

Fontanastraße

Wien Kledering Zentralverschiebebahnhof

Friedhof Oberlaa

Rotes Kreuz

Unter-Laaer Str.

Leopoldsdorfer Str.

Kaistraße

Liesing

Brückenwirt

Stempel

Scheunenstraße

70A 266

Klederinger Straße

Kledering

Stadtwanderweg 8

Blaublütiges Almenland

Unweit des Startpunktes befindet sich mit dem Wald der Ewigkeit ein Areal zur Naturbestattung in biologisch abbaubaren Urnen, an welchem die Grabpflege die Natur übernimmt. Beinahe auch etwas für die Ewigkeit sind die adeligen Ortsbezeichnungen der Sophienalpe und der Franz-Karl-Fernsicht. Während man es dem Vater von Kaiser Franz Joseph I. an der Fernsicht gleichtun kann, war die nebenan liegende Sophienalpe in der Vergangenheit als Vergnügungszentrum gedacht, ja sogar eine Standseilbahn führte auf die Alpe.

Abseits jeglicher Stadthektik dient der Stadtwanderweg 8 als genussvolle Abwechslung, auch weil die Gaststätten von fleischreicher bis veganer Kost für alle Menschen die passende Mahlzeit auf den Tisch zaubern können.

Wegbeschreibung

❚ Die Wandertour startet an der Busstation Kasgraben der Linie 450, unweit der Wiener Stadtgrenze. Direkt neben der Bushaltestelle stimmt uns eine Infotafel auf den Stadtwanderweg ein. Die Schotterstraße begehen wir in Richtung Wald der Ewigkeit,

START & ANREISE
1140 Wien, Mauerbachstraße 47
Linie 450 (ab Hütteldorf) › Kasgraben (Haltestelle am Ausgangspunkt)

WEGVERLAUF
Kasgraben › Mostalm › Franz-Karl-Fernsicht › Sophienalpe › Spitalwiese › Türkensteine › Laudon-Grab › Kasgraben

TOUR
9km (3h) | RW | 290hm

biegen nach wenigen Metern jedoch links auf einen Trampelpfad zur Mostalm ab.

Der ▬ Markierung und den Wegweisern folgen wir stetig bergauf durch den Wald und später am Waldrand entlang zur Mostalm **(Stempelstation)** mit angrenzendem Kinderspielplatz. Wegweiser leiten uns auf

Richtung Mostalm und Sophienalpe

eine Schotterstraße an der Franz-Karl-Fernsicht vorbei zur Sophienalpe. Direkt gegenüber bringt uns ein  markierter Waldsteig bergab in Richtung Rieglerhütte (Wintersperre bis Mitte April, Montag bis Mittwoch-Ruhetag) führt.

An der nächsten Lichtung wird das Gelände flacher. Hier biegen wir links über eine kleine, schmale Brücke ab (geradeaus würde man zur Rieglerhütte gelangen) und folgen dem Wegweiser der Mountainbikestrecke Hameau.

Nun wandern wir leicht bergauf und spazieren den schönen Waldweg entlang. Parallel unter uns verläuft eine Schotterstraße, welche wir gleich nach einer Brücke über den Halterbach erreichen. Vor uns befindet sich die große Spitalwiese.

Hier wenden wir uns nach rechts und biegen fast am Ende der Wiese links

auf einen Trampelpfad ab. Dieser Pfad führt uns fast geradlinig über die Wiese wieder in den Laubwald.

Wir orientieren uns weiter an den Stadtwanderweg-Wegweisern und folgen dem bequemen Wanderweg meist der Nase nach, queren eine ▬ markierte Forststraße und wechseln nach wenigen Gehminuten halblinks auf einen ▬ markierten Weg. Diesem folgen wir zu den Türkensteinen (kurz davor wechselt die Markierungsfarbe auf ▬), nähern uns hörbar der Straße und erkennen zu unserer Linken das Laudon-Grab.

Der begangene Pfad führt uns noch näher zur Straße und auch fast direkt zur Bushaltestelle. AnGEHkommen!

FELDHERREN UND THRONFOLGER

Eigentlich hätte Franz Karl von Österreich, Sohn von Kaiser Franz I., im Jahr 1848 den Thron von Ferdinand I. übernehmen sollen. Doch auf Drängen seiner Frau Sophie Friederike von Bayern verzichtete er auf das Kaiseramt und überließ seinem erst 18-jährigen Sohn Franz Joseph I. den Kaiserthron. Der junge Kaiser war es auch, der die Sophienalpe als ländlichen Sommeraufenthalt für seine Mutter geschaffen hat, ehe gegen Ende des 19. Jahrhunderts das Gebäude in einen Gasthof umgewandelt wurde. Davor sollte es aber eigentlich mit der Weltausstellung 1873 in Wien ein Vergnügungszentrum werden, sogar ein eigener Glaspalast für Veranstaltungen wurde errichtet, eine Standseilbahn führte vom Halterbachtal auf die Sophienalpe. Der Hype war von kurzer Dauer, zwei Jahre nach dem Aufbau war davon nichts mehr zu sehen.

Die Türkensteine erinnern an die Schlacht um Belgrad im Jahr 1789. ▼

Hadersdorfer Türkensteine

Hinterhainbach

Sofienalpenstraße

Trollwiese

Sofienalpenstraße

Mostalm
Stempel

Schwarznettel-
wiese

Kasgrabenbach

Greutberg

Safranwiese

Mauerbachstraße

Hohe Wand
Wiese

Vorderhainbach

Mauerbachstraße

Wald der Ewigkeit
Naturbestattung

Kasgraben

P
450
Kasgraben

Laudon-Grab

Türkensteine

Baumschulen

Sophienalpe

Hahnengraben

Dahaberg

Franz-Karl-Fernsicht

Rieglerhütte

Mamsellwiese

Steinerne Lahn

Richtung Schottenhof >

Hochbruckenberg

Karl-Bekehrty-Straße

Dianabründl

Hochmais

Ochsenkopf

Spitalwiese

Ausjagdboden

Baumgartner Wald

Karl-Bekehrty-Str.

Kolbeterberg

52A

Scheiblinggmein

Jägerwaldsiedlung

Amundsenstr.

Mariabrunner Mais

Stadtwanderweg 9

Rund um den Wurstelprater

Der Wiener Prater. Schauplatz wilder Achterbahnfahrten, ohrenbetäubender Konzerte, emotionaler Siege und Niederlagen, schweißtreibender Aktivitäten und seit einigen Jahren auch als »Wiener Wiesn« aktiv. Doch der Prater ist nicht nur Stofftiergewinn, Stadionbesuch und Stadtlaufstrecke – er ist auch Stadtwanderweg.

Der 13 Kilometer lange Stadtwanderweg 9 zeigt uns die natürlichste Seite des Praters. In kaum einem anderen Gebiet weltweit findet man Naturbadeplatz, Wallfahrtskirche, Miniatureisenbahn und Würstelbude auf so engem Raum gesammelt. Mit der Aussage lehne ich mich zwar weit aus dem Fenster, aber wenigstens habe ich damit schon den ersten Schritt getan, um rauszugehen. Und worauf wartest du noch?

Wegbeschreibung

▌ Das Bahnhofsgebäude verlassen wir in Richtung Prater, gehen aber nicht zum Riesenrad, sondern halten uns nach dem Ausgang rechts und gehen durch die Unterführung. Nach wenigen Minuten auf der Hauptallee verlassen wir kurz vor der Meierei die

START & ANREISE
1020 Wien, Praterstern 5
Linie U1, U2 oder S-Bahn › Praterstern (Haltestelle am Ausgangspunkt)

WEGVERLAUF
Praterstern › Hauptallee › Konstantinteich › Jesuitenwiese › Lusthaus › Maria Grün › Prater › Praterstern

TOUR
13,1km (3½h) | RW | 25hm

Allee nach rechts. Ein Wegweiser zeigt uns den Weg. Weitere Wegweiser und auch die ▬ Markierung führen uns zum Konstantinteich, dahinter baut sich der Konstantinhügel auf.

Wir wandern rechts über eine kleine Brücke, halten uns danach wiederum rechts. Nach den Tennisplätzen führt der Weg über die Straßenbahngleise

Hauptallee

und die Rotundenallee bis vor die Arenawiese, halbrechts folgen wir einer Allee. Nach der großen Kreuzung an der Jesuitenwiese gehen wir geradeaus durch den Hundeauslaufplatz, überqueren die Stadionallee und nähern uns der Autobahnbrücke. Danach biegen wir rechts ab, der Wanderweg folgt einem Linksbogen und führt uns entlang der Belvedereallee zum Lusthaus. Vor dem Haus biegen wir rechts auf die Gärtnerstraße ab, gehen an der Gösser Bierinsel (Stempelstation) vorbei. Neben dem Eingang zum Golfclub sticht links der Wanderweg in den Wald hinein. Dem Waldweg folgen wir stets in Gewässernähe und wandern nach einer Linkskehre wieder in die Gegenrichtung. Die Wegweiser sind im Praterdschungel zum Glück sehr gut positioniert. Wir passieren das Krebsenwasser und die Wallfahrtskirche Maria Grün, überqueren die kommende Straße und folgen dem breiten Pfad zur Hauptallee. Diese queren wir

schräg nach links und wandern am Weg neben dem Heustadelwasser abermals bis zur Hauptallee weiter.

Vor der Liliputbahnstation begehen wir halbrechts einen Waldweg, dieser führt an der Trabrennbahn vorbei zum Rotundenplatz an die Wirtschaftsuni. Die »Avenue« wandern wir geradeaus weiter, passieren die Pratersauna, halten uns links und wenden uns vor dem Schweizerhaus dem Eduard-Lang-Weg zu. Kurz vor einem Wegschranken führt der Weg über die Gleise der Liliputbahn zur Hauptallee.

Nun können wir wieder zum Praterstern zurückmarschieren, doch spannender ist sicherlich der Besuch im Wiener Würstelprater! Also, nichts wie hin...

KURIOSITÄTEN-KABINETT

Der Prater ist seit jeher für nicht alltägliche Schaustellungen bekannt. Das Kino »Klein« im Prater, 1945 bei Luftangriffen zerstört, blickt zurück auf die »Frau ohne Unterleib« oder den »kleinsten Menschen aller Zeiten«. Bilder von dieser Menschenschau sind im Pratermuseum nahe dem Riesenrad ausgestellt. Dass es im Prater immer ein bisschen wilder zugeht, wurde auch bei den Weltrekordtagen in den vergangenen Jahren eindrucksvoll unter Beweis gestellt. So war es im Prater ganz normal, ein 62 Kilogramm schweres Gewicht an das Ohr zu hängen, 38 Stunden durchgehend Karaoke zu singen, hunderte Strohhalme in den Mund zu stecken oder 82 Kokosnüsse mit der Hand zu zertrümmern. Willkommen im Prater!

Vor der 1924 errichteten Kirche »Maria Grün« befindet sich am Kreuzweg eingebettet ein Aids-Memorial. Es erinnert an verstorbene HIV-Infizierte. ▼

Gedenksteine am Aids-Memorial

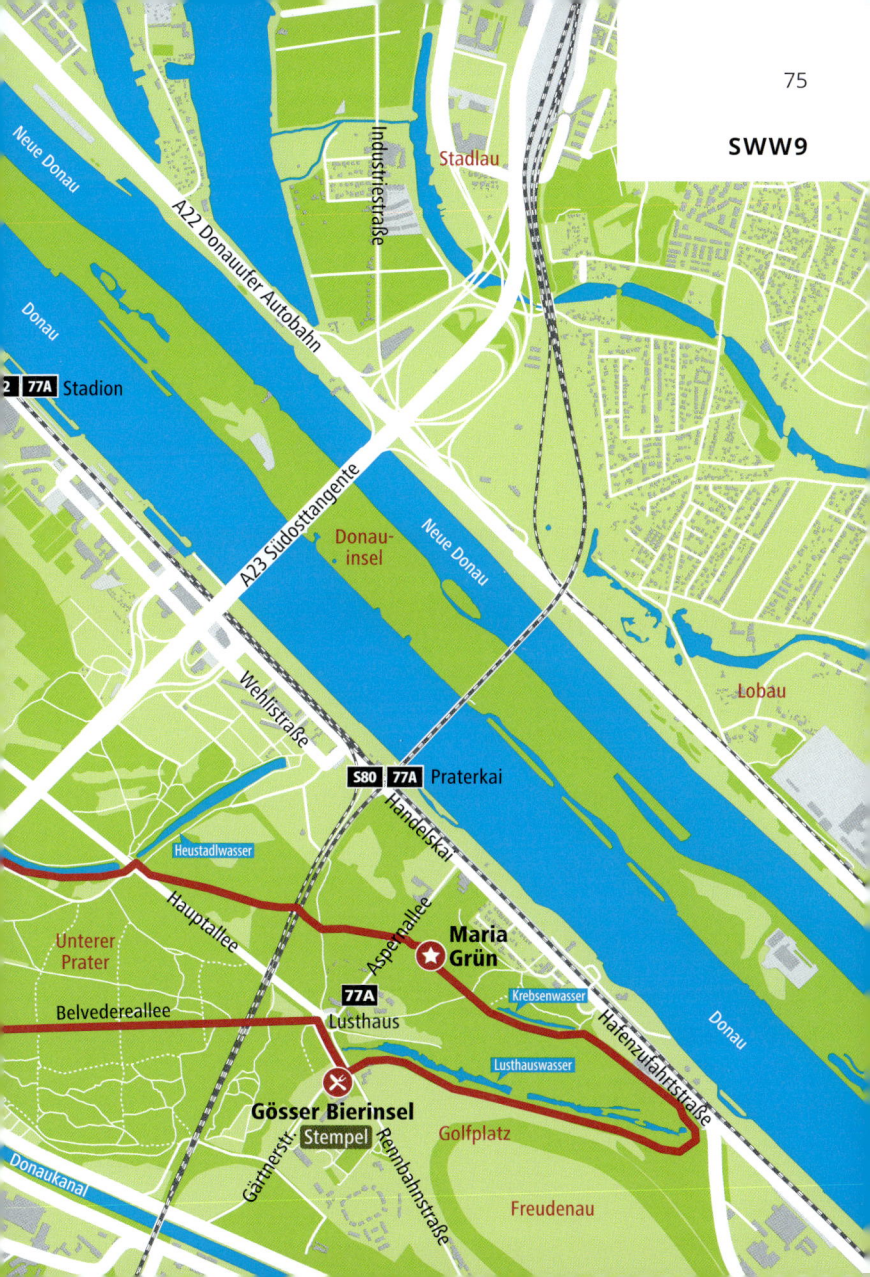

SWW 10

Stadtwanderweg 10

Ziegenfreuden am »Beag aus Mist«

Viele Jahre lang galten die Stadtwanderwege ab der Nummer 10 als Rundwanderwege oder Querwege um und durch die Stadt. Nur wenigen waren diese Wege bekannt. Für das Wanderabzeichen hatten diese Wege auch keine Auswirkungen. Im Jahr 2019 passierte es aber: Der Stadtwanderweg 10 wurde gänzlich neu besetzt. Der ehemalige Bezirksvorsteher der Donaustadt, Franz-Karl Effenberg, dient als Namensgeber des Weges im Angesicht der Rautenweg-Deponie.

Ein Teil des Weges führt vorbei am Mistberg. Er ist nicht nur der höchste Punkt der Donaustadt, sondern dient auch als »tierisch freundlicher« Ort. Seit rund 30 Jahren treiben Pinzgauer Ziegen ihr Unwesen am Anwesen und mit etwas Glück könnt ihr aus der Ferne die lebendigen Mistberg-Ziegen beim Herumtollen beobachten.

Wegbeschreibung

❚ Der Stadtwanderweg 10 startet im 22. Bezirk an der Bushaltestelle Breitenlee Friedhof. Nach wenigen Metern weist uns neben der Friedhofsmauer eine Infotafel auf den Franz-Karl-Effenberg-Wanderweg

START & ANREISE
1220 Wien, Breitenleer Straße 231
Linie 24A › Breitenlee Friedhof
(Haltestelle am Ausgangspunkt)

WEGVERLAUF
Breitenlee Friedhof › Deponie Rautenweg › Camping Süßenbrunn › Oleandergasse › Schukowitzgasse › Breitenlee Friedhof

TOUR
7km (1¾h) | RW | 10hm

ein. Ein Erdweg führt uns neben der Mauer nordwärts entlang und danach über Wiesen zum Rautenweg. Hier links auf den Gehsteig abbiegen und auf der linken Straßenseite bleiben. Nach wenigen Minuten am Rand der Deponie Rautenweg die Straße queren und am Karrenweg neben der Deponie in Richtung Norden weiterwandern.

Weite Felder

Wer hier jedoch am Rautenweg weitergeht, kommt nach wenigen Minuten zum Eingang der Deponie, welche von Mai bis Oktober im Rahmen von Führungen (nach Anmeldung) kostenlos besichtigt werden kann.

Wieder zurück am Wanderweg gehen wir vorbei an den Biotopen und halten uns links am Zaun entlang. Wir folgen dem Gehweg zur Rechten über die Schnellstraße **(Stempelstation vor dem Übergang)** und unterschreiten ein paar Gehmeter später abermals zur Rechten die Bahngleise. Wiederum rechts auf den Campingplatzweg abbiegen und bei der kommenden Gabelung geradeaus in die Sackgasse. Kurz danach rechts auf einen Wiesenweg und die stark befahrene Schnellstraße zum zweiten Mal überschreiten.

Nun am Erdweg zu einer Schotterstraße und diese weiterwandern. Der Schotterweg mündet in eine breitere

Deponie Rautenweg

Asphaltstraße, rechts davon begehen wir aber den Waldweg zur Oleandergasse. Kurz danach biegen wir links in die Azaleengasse ab.

Am Ende des Weges (noch vor dem überwucherten, riesigen Brückenfragment, das einst den Verschiebebahnhof Breitenlee überspannte), rechts neben den Wohnhäusern entlang gehen. Geradewegs über die Schukowitzgasse zur Breitenleer Straße, rechts auf den Gehsteig abbiegen und kurz danach abermals leicht rechts halten, am 1. Wiener Schulmuseum vorbei zum Dorfheurigen.

Weiter die Straße entlang, vorbei am Schottenobst-Hofladen wieder zum Ausgangspunkt am Friedhof Breitenlee.

BEAG AUS MIST

Mit dem Song »Beag aus Mist« besang der Liedermacher Ernst Molden vor allem jene Dinge der Deponie am Rautenweg, die man nicht sieht, »weil's Gras drüber wächst«. Mit einer Fläche von 60ha ist sie die größte Mülldeponie Österreichs. Wer hier beißenden Gestank erwartet, wird enttäuscht sein. Seit 2008 werden hier nur aufbereitete Verbrennungsrückstände aus den Wr. Müllverbrennungsanlagen gelagert. Zuvor wurde aber sehr wohl teilweise noch Restmüll abgelagert, der infolge biologischer Abbauprozesse Deponiegase erzeugt. Diese werden abgesaugt und zu Strom umgewandelt. Die Abwärme versorgt das gegenüber gelegene *TierQuarTier* mit Energie für Warmwasser. So wird auch dieses stets weniger werdende Abbauprodukt noch verwertet.

Hier wächst Gras drüber, das den Pinzgauer Ziegen seit rund 30 Jahren schmeckt. Alle paar Jahre werden Kitze geboren und später an Züchter übergeben. ▼

Am Abstellgleis

Ziegen der Deponie

©Schaub-Walzer/PID

Stadtwanderweg 11

Es lebe der Gemeindebau

Auf den meisten Stadtwanderwegen ist der rollende Straßenverkehr nur eine Nebenerscheinung. Nicht so am 11er, wenngleich der Fokus dieser Tour nicht auf der Fahrbahn liegt, sondern daneben. Vom Margaretengürtel zum Reumannplatz erkunden wir einige der ersten Gemeindebauten Wiens und dringen in das Treiben der Großstadt ein. Und als Hinweis: Wegweiser wirst du auf dieser Tour vergeblich suchen.

START & ANREISE
1050 Wien, Bruno-Kreisky-Park
Linie U4, 6, 18 › Margaretengürtel
(Haltestelle am Ausgangspunkt)

WEGVERLAUF
U4 Margaretengürtel › Eichenstraße › Matzleinsdorfer Platz › Landgutgasse › Viktor-Adler-Markt › Reumannplatz

TOURLÄNGE
4,4km (1½h) | SW | 40hm

Wegbeschreibung

Bruno Kreisky begrüßt uns als Büste am Beginn des Stadtwanderweges. Schräg gegenüber entdecken wir die erste von mehreren Informationstafeln zum Gemeindebau-Weg. Wir spazieren halbrechts durch den Park zum Gürtel und queren die Verkehrsader, auf den Mittelstreifen zugehend. Auf der linken Seite des Grünstreifens geht es südwärts, nahe der Straßenbahngleise und des Margaretengürtels. Zur Linken und zur Rechten zeigen sich die ersten Gemeindebauten: Franz-Domes-Hof und Haydnhof. Die am Weg platzierten Infotafeln weisen uns auf besondere Bauwerke, klimatische Bedin-

gungen und die Flora im Gemeindebau-Habitat hin. Wir passieren eine Filiale der Bäckerei Mann (**Stempelstation**), queren die Arbeitergasse und erblicken zur Rechten mit dem Leopoldine-Glöckel-Hof einen weiteren Gemeindebau.

Nachdem wir einige Sportplätze hinter uns gelassen haben, halten wir uns

Bruno-Kreisky-Park

an einer Straßenbahnkreuzung rechts und folgen weiterführend dem Weg nahe dem Gaudenzdorfer Gürtel zur Eichenstraße, links davon befindet sich der Metzleinstaler Hof.

Um in den Herweghpark zu gelangen, unterschreiten wir entweder die Straßenkreuzung in der unterirdischen Straßenbahnstation oder suchen uns oberirdisch einen Weg. Wir sind nicht umsonst in diesem Park gelandet. Von hier hat man einen prächtigen Blick auf Herweghhof und Julius-Popp-Hof, der Hanna-Gärtner-Park trennt die beiden unter Denkmalschutz stehenden Gemeindebauten. Der Stadtwanderweg geht in einen Parkplatz über, wir halten uns links und queren auf Höhe des 48er-Hauses (fassadenbegrüntes Gebäude der MA48) die Fahrbahn. In der Nebenstraße wandern wir parallel zum Gürtel und legen kurz danach an der Leopold-Rister-Gasse einen Abstecher zum Matzleinsdorfer Hochhaus ein.

Gräberhain Waldmüllerpark

Wieder zurück am Gürtel geht der Weg zum Matzleinsdorfer Platz weiter, setzt sich am Gürtel fort und quert nach dem Julius-Ofner-Hof an der Kliebergasse den Gürtel in die Landgutgasse. Wir unterschreiten die Bahngleise und passieren in einer Linkskurve den Waldmüllerpark. Eine Besonderheit dieser Parkanlage ist der Grabmalhain mit 99 Denkmälern. Wir queren die kommende Laxenburger Straße und biegen auf dieser rechts ab. Nach einigen Straßenkreuzungen erreichen wir links den Zürcher-Hof. Direkt danach links in die Erlachgasse und zum Viktor-Adler-Platz mit lebendigem Markttreiben. Wir wechseln rechts in die Favoritenstraße und erreichen das Amalienbad am Reumannplatz. Hier endet der urbanste aller Stadtwanderwege.

JÖ SCHAU, EIN GEMEINDEBAU

Kaum ein anderes kommunales Bauprojekt prägt Wien so, wie es der Gemeindebau tut. 1919 legte der damalige Bürgermeister Jakob Reumann den Grundstein für die ersten Wohnungen. Heute besitzt die Stadt mehr als 2.300 Gemeindebauten mit rund 220.000 Wohnungen. Besonders bekannt ist der Karl-Marx-Hof im 19. Bezirk. Er gilt als Ikone des »Roten Wien«, außerdem ist er mit rund 1.050 Metern Länge der längste zusammenhängende Wohnbau der Welt. Die meisten Wohnungen hingegen kann sich die Per-Albin-Hansson-Siedlung in Favoriten auf die Fahnen schreiben. Als erster »echter« Gemeindebau gilt der Metzleinstaler Hof. Zur Eröffnung 1920 befanden sich im Erdgeschoß ein Kindergarten, eine Wäscherei, eine Bibliothek und eine Lehrlingswerkstatt.

Das Matzleinsdorfer Hochhaus war 1957 das erste Hochhaus der Gemeinde Wien. Zu Beginn befand sich im 20. Stockwerk sogar ein Restaurant mit Aussichtsterrasse. ▼

Amalienbad

Matzleinsdorfer Hochhaus

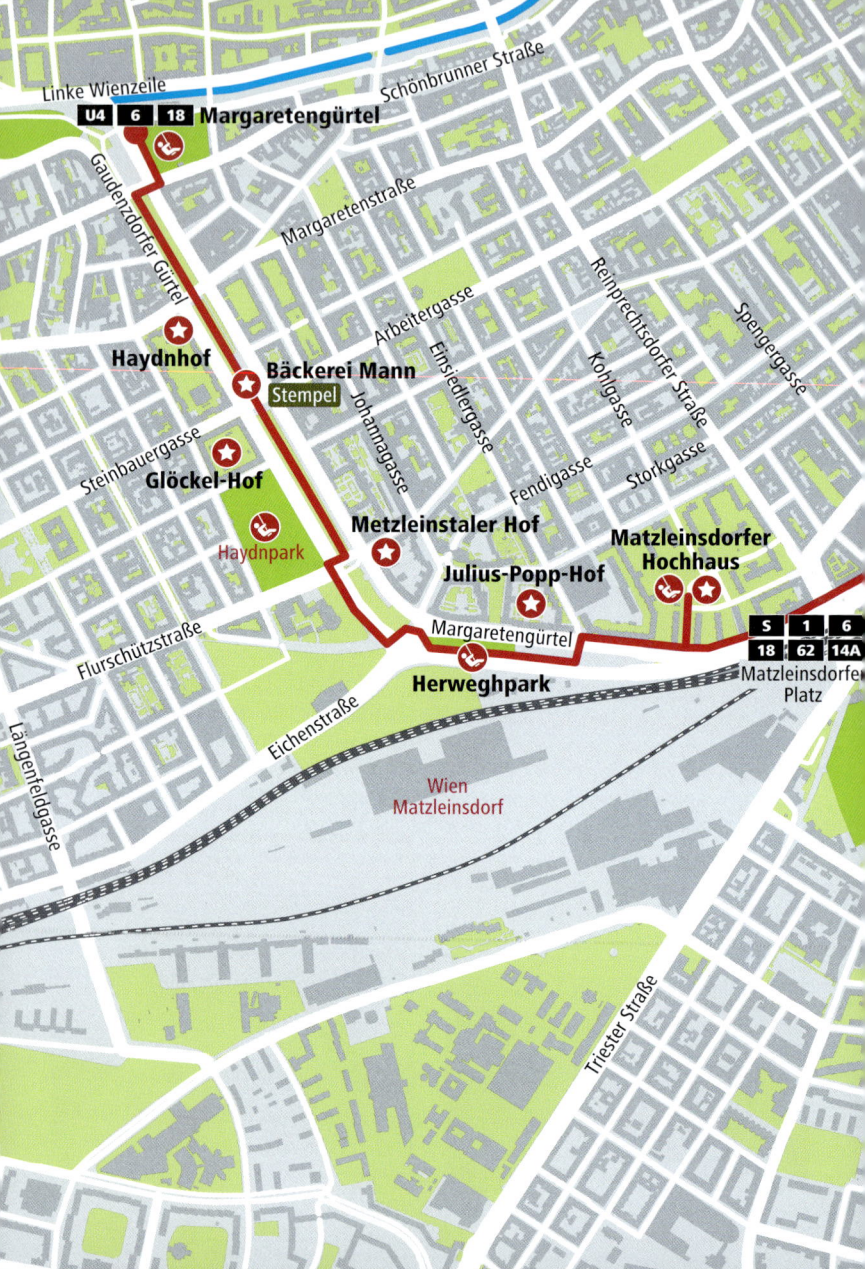

Linke Wienzeile
Schönbrunner Straße
U4 6 18 Margaretengürtel
Margaretenstraße
Gaudenzdorfer Gürtel
Margaretenstraße
Arbeitergasse
Reinprechtsdorfer Straße
Spengergasse
Haydnhof
Einsiedlergasse
Bäckerei Mann
Stempel
Kohlgasse
Johannagasse
Steinbauergasse
Glöckel-Hof
Fendigasse
Storkgasse
Haydnpark
Metzleinstaler Hof
Matzleinsdorfer Hochhaus
Julius-Popp-Hof
Flurschützstraße
Margaretengürtel
S 1 6
18 62 14A
Matzleinsdorfe Platz
Eichenstraße
Herweghpark
Längenfeldgasse
Wien Matzleinsdorf
Triester Straße

Stadtwanderweg 12

He, ab in den Süden!

Zwei Besonderheiten weist der jüngste Wiener Stadtwanderweg im Süden der Metropole auf: Mit rund 20 Kilometern schlägt er alle anderen Wege um Längen und er ist der einzige Weg, der den Ortskern einer Wiener Nachbargemeinde durchquert.

Wegbeschreibung

❚ Von der Infotafel am Eingang zum Wienerberg queren wir schräg in die Neilreichgasse und biegen vor einem Tunnel links auf einen Skaterplatz ab. Weiter gehts am Grünstreifen zur Laxenburger Straße, queren diese und wechseln halbrechts auf einen Wiesenweg. Neben der Autobahn spazieren wir um eine Schule herum, überqueren die A23 und wechseln rechts auf einen Schotterweg. In Gegenrichtung zum Stadtwanderweg 7 überqueren wir zwei Bahntrassen und eine Straße, landen an der Liesing und biegen rechts auf den Bachbegleitweg ab. An der kommenden Brücke die Liesing überschreiten, umgehend wieder rechts auf einen Grünstreifen wechseln. Wir queren an der Laxenburger Straße abermals den Bach, kurz danach auch die Straße und erneut auf einer Brücke die Liesing.

START & ANREISE
1100 Wien, Frödenplatz
Linie 11 › Frödenplatz
(Haltestelle am Ausgangspunkt)

WEGVERLAUF
Frödenplatz › Per-Albin-Hansson-Siedlung › Liesingbach › Schloss Vösendorf › Gutheil-Schoder-Gasse › Wienerberg › Frödenplatz

TOURLÄNGE
19,6km (5h) | RW | 60hm

Rechts führt der Stadtwanderweg von der Drdlagasse in einen schmalen Gehweg zur Neilreichgasse. Links zur Draschestraße, den Hans-Dunkl-Park durchqueren, am Friedhof Inzersdorf vorbei und rechts in die Traviatagasse.

Wir wechseln links auf einen breiten Grünstreifen. Dieser führt an einem kleinen Hügel vorbei auf eine Allee, vor einem Sportplatz halten wir uns links. Wir durchqueren den Helmut-Zilk-Wald, biegen an der Schotterstraße am Waldrand rechts ab, queren die Vorarlberger Allee und folgen dem Karrenweg. Dieser führt anschließend als Asphaltstraße über die Schnellstraße S1. An der nächsten Kreuzung rechts, hinter der kommenden Baumreihe links nach Vösendorf.

Vorbei am Friedhof zu einer Straßenkreuzung. Links in die Jordanstraße, vor dem Krippenmuseum rechts zum Schloss Vösendorf. Das Schloss linkerhand umrundend verlassen wir das Gelände und gelangen geradeaus in die Ortsstraße. Rund 50 Meter nach einer Apotheke wechseln wir rechts auf die begrünte Eindeckung der Schnellstraße. Oben angekommen links auf die Asphaltstraße und in einer Linkskurve zu einem Kreisverkehr. Die Straße queren und parallel zur Südautobahn weiterwandern. Kurz vor dem Gewerbegebiet rechts auf den Feldweg.

Mit dem ersten Straßenkontakt links zur Vorarlberger Allee und in die Richard-Strauss-Straße. Diese begehen wir durch ein Gewerbegebiet zu einer größeren Kreuzung. Geradeaus an einem Supermarkt vorbei zur Draschestraße, weiter zu einem Weg unter der Südosttangente. Rechts erreichen wir wieder die Liesing. Kurz links, ehe

Zugangstor der MA 2412 am Wienerberg

wir auf einem Steg den Bach überqueren und halblinks eine Bahntrasse unterschreiten, dann erneut links.

Es geht weiter über die Triester Straße zum alten Amtsgebäude der Fernsehserie MA 2412, wo die Außenaufnahmen gedreht wurden, dann weiter, vorbei an Sportanlagen, zur Gutheil-Schoder-Gasse. Rechts und durch ein kleines Waldstück, links retour zur Gasse und dieser geradeaus zu einem Kreisverkehr folgen. Kurz davor rechts auf einen Wiesenweg, nach der Sportstätte links, wiederum links am Spielplatz vorbei zum Wilfried-Kirchner-Weg. Rechts abbiegen, vor einer Tankstelle links und an der Ampelkreuzung die Triester Straße queren. Wir betreten das Wienerberggelände und begehen den breiten Geh- und Radweg stets geradeaus zum ausgestellten Tor der MA 2412 (Stempelstation) an einem Aussichtspunkt. In einem Rechtsbogen gehts zu einem Forsthaus und zu einer Wegkreuzung. Wir gehen links zum Waldspielplatz, halten uns danach aber rechts. Nach dem Seniorenwohnhaus Wienerberg zu unserer linken, ist der Ausgangspunkt am Frödenplatz bald erreicht.

DIE MA 2412 ALS INSTITUTION

Ein lustiger Abend im Fernsehen war um die Jahrtausendwende kaum ohne das fiktive Amt für Weihnachtsdekoration, MA 2412, vorstellbar. Die Sitcom nahm in 34 Episoden die österreichische Bürokratie auf die Schaufel. Roland Düringer fungiert dabei als Ingenieur Breitfuss, beharrt stets auf seinem Titel und für eine Packung Dickmanns lässt er sogar Parteienverkehr zu, den er und Herr Weber, sein Kollege, tunlichst zu verhindern wissen. Mit dem machohaften Gehabe von Weber, gespielt von Alfred Dorfer, kann der Ingenieur aber wenig anfangen. Frau Knackal, in Szene gesetzt von Monica Weinzettl, ist als Sekretärin zumeist mit privaten Telefonaten beschäftigt, während Karl Ferdinand Kratzl als echter Weihnachtsmann das Amtsleben aller erhellt.

Das Schloss Vösendorf war bis 1991 im Besitz der Gemeinde Wien. Die Gemeinde Vösendorf erwarb das fast verfallene Schloss und revitalisierte es von Grund auf. ▼

Schloss Vösendorf

Per-Albin-
Hansson-Siedlung

Heuberg-
gstätten

KGV
Blumental

Siedlung
Wienerfeld-
Ost

Laxenburger Straße

Troststraße

Tor MA2412
Stempel

Frödenplatz
11

Erholungsgebiet
Wienerberg

Raxstraße

Hans-
Dunkl-
Park

Frie

Biotope City

11
Otto-Probst-Platz

Wienerberg
City

Triester Straße

Golfplatz

Sterngasse

66A 67A 67

KLG
Zwillingsee

Draschepark

Sterngasse

Wilfried-
Kirchner-Weg

Triestersteg

Euro Plaza

WLB
Gutheil-
Schoder-Gasse

Südosttangente

WLB
Inzersdorf

KGV
Gartenfreunde

N

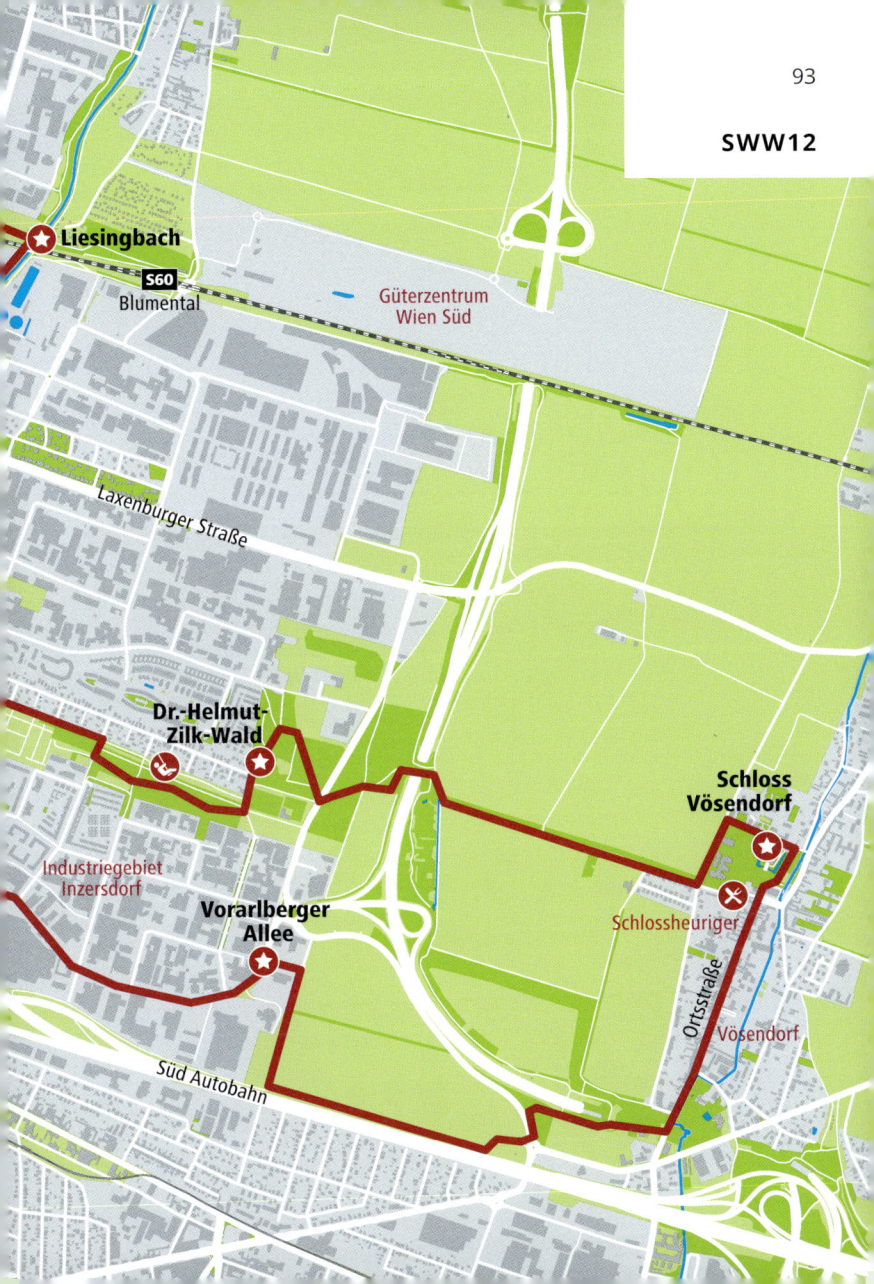

Wiener Wasserweg

An der schönen Alten Donau

Eine ausufernde Wanderung wird man auf den Stadtwanderwegen nicht erleben, genauso wenig wie am Wiener Wasserweg der MA45 an der Alten Donau. Mit allerlei Wissensstationen, Übersichtstafeln und etlichen Zugängen zum erfrischenden Nass ist der Wasserweg die ideale Tagesbeschäftigung an heißen Sommertagen. Er verliert aber auch zur kälteren Jahreszeit nichts an seiner Würze.

Die meisten Informationen an den Wasserstationen erhält man allerdings nur über eine eigene »Wiener Wasserweg-App« für Smartphone und Tablet. Diese zeigt dir nicht nur deine aktuelle Position und den Wegverlauf des Wasserweges, sondern liefert dir auch interessante Details über die Alte Donau und fordert dich zu einem Quiz heraus.

Wegbeschreibung

❚ Vom Ausgang Arbeiterstrandstraße der U1-Station Alte Donau gehen wir die genannte Straße entlang nach Westen in Richtung Donauturm am Strandbad Alte Donau vorbei. Von links mündet die Wildbadgasse ein, kurz danach biegen wir bei der Haus-

START & ANREISE
1220 Wien, Arbeiterstrandbadstraße 130
Linie U1 › Alte Donau
(Haltestelle am Ausgangspunkt)

WEGVERLAUF
Alte Donau › Strandbad Alte Donau › Angeliwiese › Birnersteg › Donaustadtbrücke › Gänsehäufel › Alte Donau

TOUR
12,2km (3½h) | RW | 20hm

nummer 85 durch ein weißes Tor auf einen Schotterpfad ab. Achtung: Durchgang auf eigene Gefahr! Nach einigen Kurven landen wir an der Alten Donau und spazieren neben dem Gewässer bis zum Angelibad, nach dem Imbiss zur Linken wandern wir am Asphaltweg am Minigolfplatz und an der Hundezone vorbei zum Parkplatz am Ferdinand-Kaufmann-

Platz. Nach dem Neuerwirt begehen wir den Nordbahndamm in Richtung Floridsdorf, wenden uns vor der Querstraße nach rechts und spazieren nun auf der Nordseite der Alten Donau nach Osten. Vor dem Birnersteig treffen wir auf eine breite Schautafel des Wiener Wasserweges.

Ab der Hausnummer 114 müssen wir uns leider eine Zeit lang mit einem Spaziergang am Straßenrand begnügen. Kurz vor der breiten Wagramer Straße führt uns der Wasserweg auf den Holzweg und neben der Alten Donau unter die Straße durch. An der Unteren Alten Donau weisen uns nun einige Wasserweg-Schilder die Richtung, bleiben aber stets nahe der Alten Donau. Wir passieren dabei den Tausenderbaum und einige Infostellen.

Mit Blick auf die U2-Station Donaustadtbrücke wechseln wir dank einer Rechtskehre das Ufer der Alten Donau und wandern nun am Kaisermüh-

Blick auf Donau-City

©Anton-Stork/Fotolia

lendamm in die Gegenrichtung weiter. Neben dem Gewässer am Schnitterweg gehen wir halbrechts einen Asphaltweg weiter, am Schüttauplatz ebenso halbrechts auf einen Kiesweg. Das Eingangstor zum Gänsehäufel ist bald erreicht, der Weg führt uns links vom Tor über den Ernst-Sadil-Platz in den Laberlweg zur Rechten. Nach dem Restaurant Zum Schinakl und vor einer Brücke wenden wir uns links einem Trampelpfad zu und gehen in einem großen Rechtsbogen am Wasserweg, mit Blick auf die Donau City, wieder zum Laberlweg. Links führt uns der Wasserweg unmittelbar über eine Brücke auf den Fischerstrand und zur Wagramer Straße. An der Ampel überqueren wir die Straße und erreichen nach wenigen Metern die U1-Station Alte Donau. GEHschafft!

VOM RUDERN UND MÄHEN

Was haben Reinhard Fendrich, Ernst Hinterberger und Elizabeth T. Spira gemeinsam? Sie alle hatten eine direkte Verbindung zu dem kultigen Freibad Gänsehäufel an der Alten Donau. Während letztere Zwei lange Zeit Saisongäste in einem der größten europäischen Süßwasserfreibäder waren, bekundet Reinhard Fendrich nach seinem missglückten Italien-Aufenthalt an der »Strada del Sole« seine Liebe zum Gänsehäufel. Im Zuge der Donauregulierung in den 1870er Jahren wurde der Altarm vom Hauptstrom der Donau abgeschnitten und wird seitdem nur mehr vom Grundwasser gespeist. Zuleitungen sorgen für den notwendigen Wasseraustausch und verhindern übermäßigen Algenbewuchs, auch pflegt ein Mähboot im Auftrag der MA45 den Untergrund der Alten Donau.

Am und im Wasser wird gerudert, gesurft, gestrampelt, gepaddelt, gesprungen, geschwommen und gesegelt. Spaß pur! ▼

Boot fahren

Badespaß im Strandbad Gänsehäufel

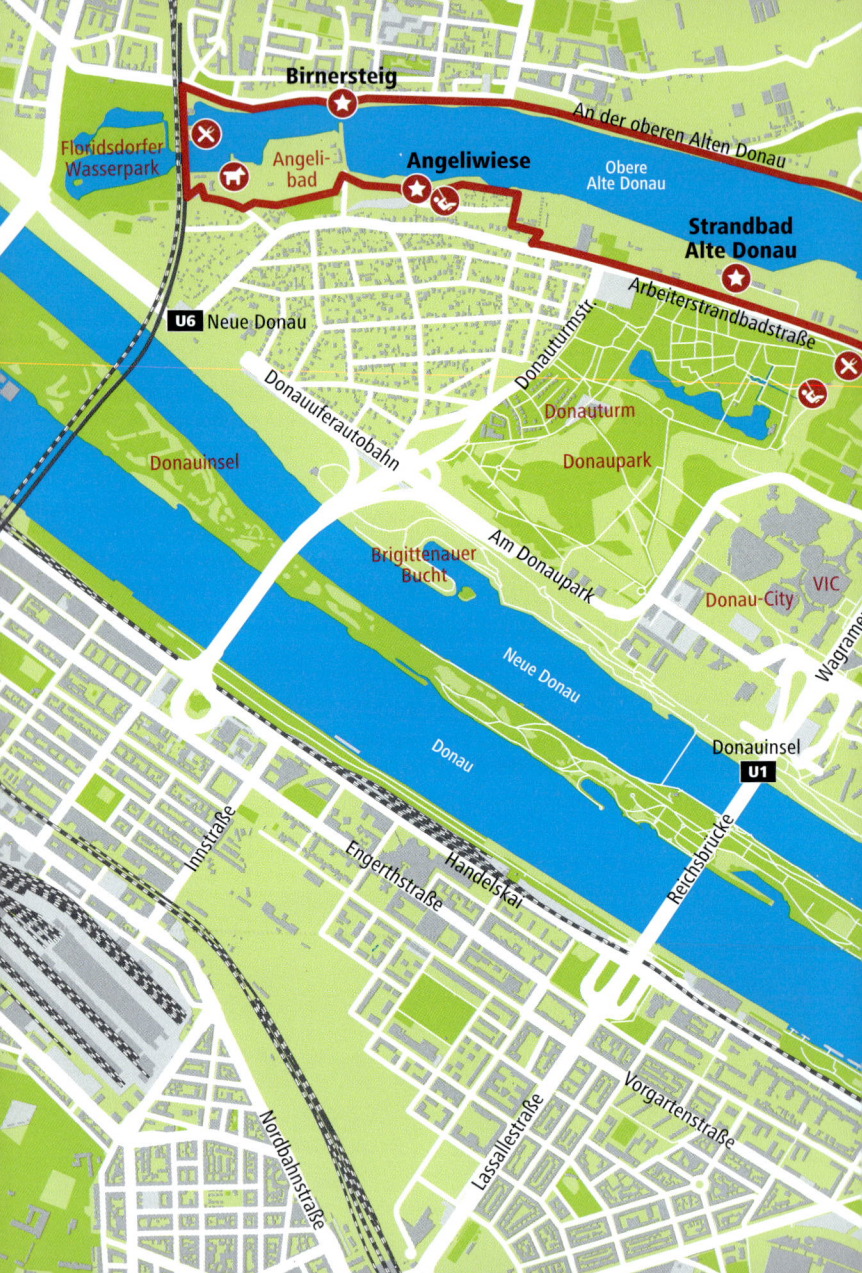

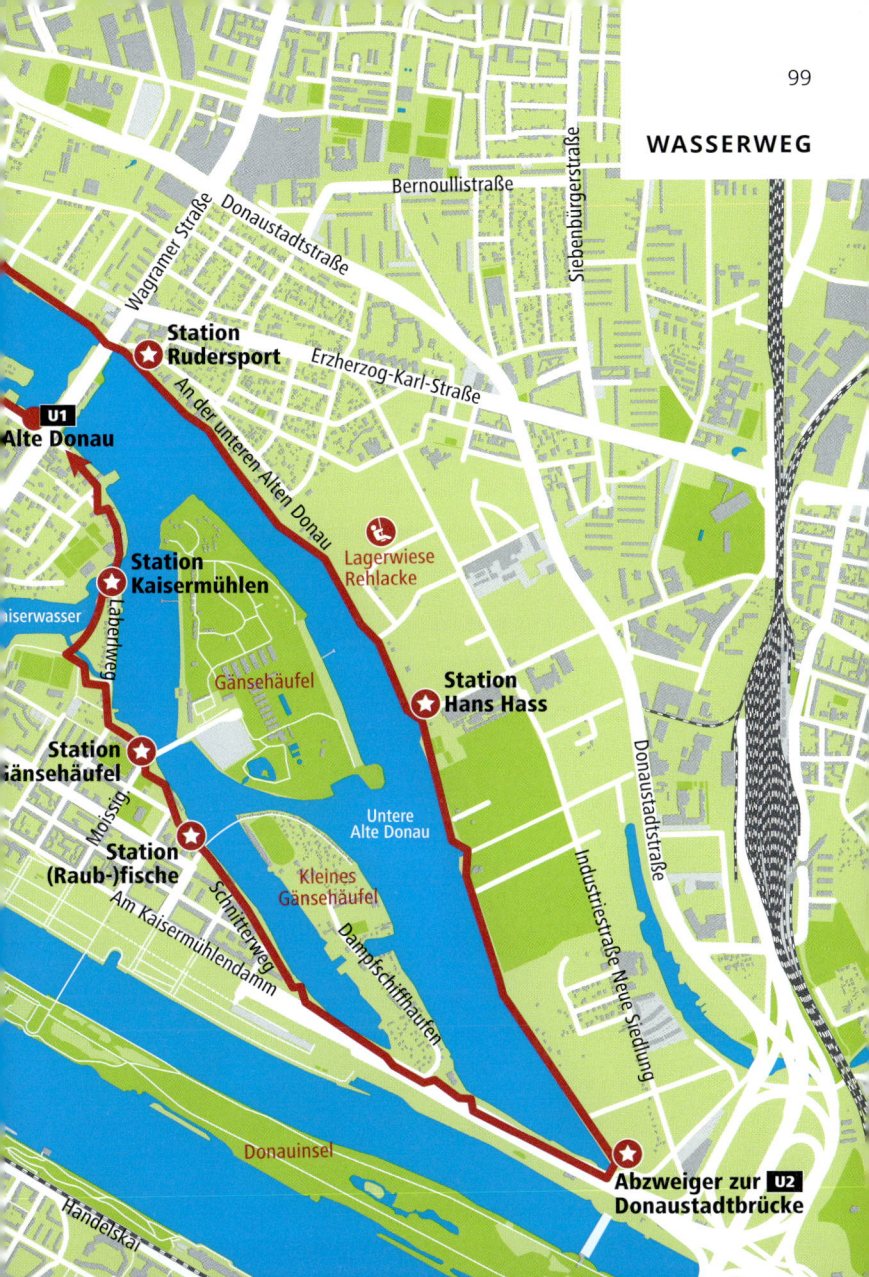

Wiener Weinweg

Wein oder nicht Wein...

…das ist am Wiener Weinwandertag die Frage. Schon beinahe traditionell findet der Wiener Weinwandertag Ende September bzw. Anfang Oktober auch im 19. Bezirk statt. An zwei Tagen erkunden wir mit vielen anderen wander- und weinbegeisterten Menschen die Gegend zwischen Neustift am Walde und Nußdorf.

Von den vier Weinwanderwegen gibt es zwar keinen Hauptweg, doch kann der Ursprungsweg im 19. Bezirk getrost als solcher bezeichnet werden. Ruhebedürftige finden auf den sanften Liegewiesen am Himmel und am Cobenzl die passenden Plätze, Labestationen sind strategisch gut positioniert. Wer die Wanderung nicht mehr zu Ende gehen will, findet in Sievering, am Cobenzl und in Grinzing passende Öffi-Haltestellen. Los GEHts!

Wegbeschreibung

❚ Neben der 35A-Haltestelle »Neustift am Walde« erwartet uns der Start des Weinwanderweges im 19. Bezirk. Am Infohäuschen erhalten wir am Wochenende zum Weinwandertag eine Übersichtskarte mit allen notwendigen Informationen. Gemeinsam mit

START & ANREISE
1190 Wien, Neustift am Walde 66
Linie 35A oder 43B › Neustift am Walde (Haltestelle am Ausgangspunkt)

WEGVERLAUF
Neustift am Walde › Bellevuehöhe › Am Himmel › Am Cobenzl › Grinzing › Nußberg › Nußdorf

TOUR
11,4km (4h) | SW | 340hm

vielen anderen Menschen begehen wir das gepflasterte Fuhrgassel leicht bergauf zur Reblaus. An der asphaltierten Mitterwurzergasse wenden wir uns rechts, die Labestationen und Sitzbänke zwischen den Rebstöcken laden schon zur ersten Verkostung ein. Nach nur 100 Metern wenden wir unseren Blick wieder leicht bergauf nach links, ehe uns die Wegweiser am Ende

des Weges nach rechts führen. Vorbei an Weingärten landen wir an einer Asphaltstraße, etwas unterhalb verlassen wir die Straße nach links auf einen Stiegenaufgang. Der kommende Erdweg führt uns wiederum leicht bergab zu einer Metalltreppe, wir überqueren den Erbsenbach und begehen den steilen Gspöttgraben, welcher manchem Weinwanderer die Schweißperlen auf die Stirn treibt. »Am Himmel« angekommen, wird der ideale Rastplatz rund um den Lebensbaumkreis eingenommen, ehe es am Weinwanderweg nach dem »Himmel« wieder kurz stadteinwärts geht und uns um die Bellevuehöhe herum zum »Häuserl am Himmel« führt.

Von hier aus ist das Weingut Cobenzl schnell erreicht. Wir wandern an den Bushaltestellen vorbei zur Höhenstraße, überqueren diese und erreichen am Oberen Reisenbergweg den Stadtteil Grinzing. Am Peter-Alexander-Platz wenden wir uns links der

Eine Pause zwischen den Weinreben

Krapfenwaldgasse zu, der kommende Mukenthalerweg führt uns mit Blick auf den Kahlenberg in die Wildgrubgasse. Flankiert von grünen Wäldern und Weingärten spazieren wir eine Rechtskehre bergauf zu den Heurigen am Nußberg. Der panoramareiche Eichelhofweg leitet uns hinab nach Nußdorf, kurz nach alten Hangbefestigungen biegen wir jedoch wieder rechts zu Weingärten ab.

Ein letztes Mal genießen wir noch die Begleitung der edlen Trauben, ehe uns die Eroicagasse zur Zahnradbahnstraße und weiter zur Straßenbahnstation in Nußdorf leitet. Unser Wandertag ist zwar nun vorbei, die Erinnerung daran wird uns aber noch lange begleiten. Jederzeit GEHrne wieder!

WIEN UND WEIN

Die Wörter »Wien« und »Wein« sind sich verdächtig ähnlich. Man könnte meinen, dass eines der beiden Wörter ein Anagramm des anderen sei. Auch auffällig ähnlich sind sich die Begriffe »vino« (lateinisch für Wein) und »Vindobona« (Name des römischen Legionslagers an der Donau). Zufall? Oder spielt hier der Weingeist einen Streich? Der Name von Wien leitet sich dessen ungeachtet vom Wien-Fluss ab, welcher wiederum aus dem keltoromanischen Vedunia (Waldbach) abstammt. Dennoch, Wien und Wein gehören einfach zusammen. Und solltest du den nächsten Weinwandertag nicht abwarten können, aber auch nicht wirklich aus der Innenstadt hinauswollen: Am Schwarzenbergplatz findest du mit 60 Rebstöcken den kleinsten Weingarten Wiens.

Viele Weingärten laden an den Weinwandertagen zur offenen Weingartentür ein. Man verkostet die Produkte oft an den Hängen, auf denen sie geerntet worden sind. ▼

Kühe am Landgut Cobenzl

Gemütlich – Mayer am Nussberg

©Mayer am Nussberg

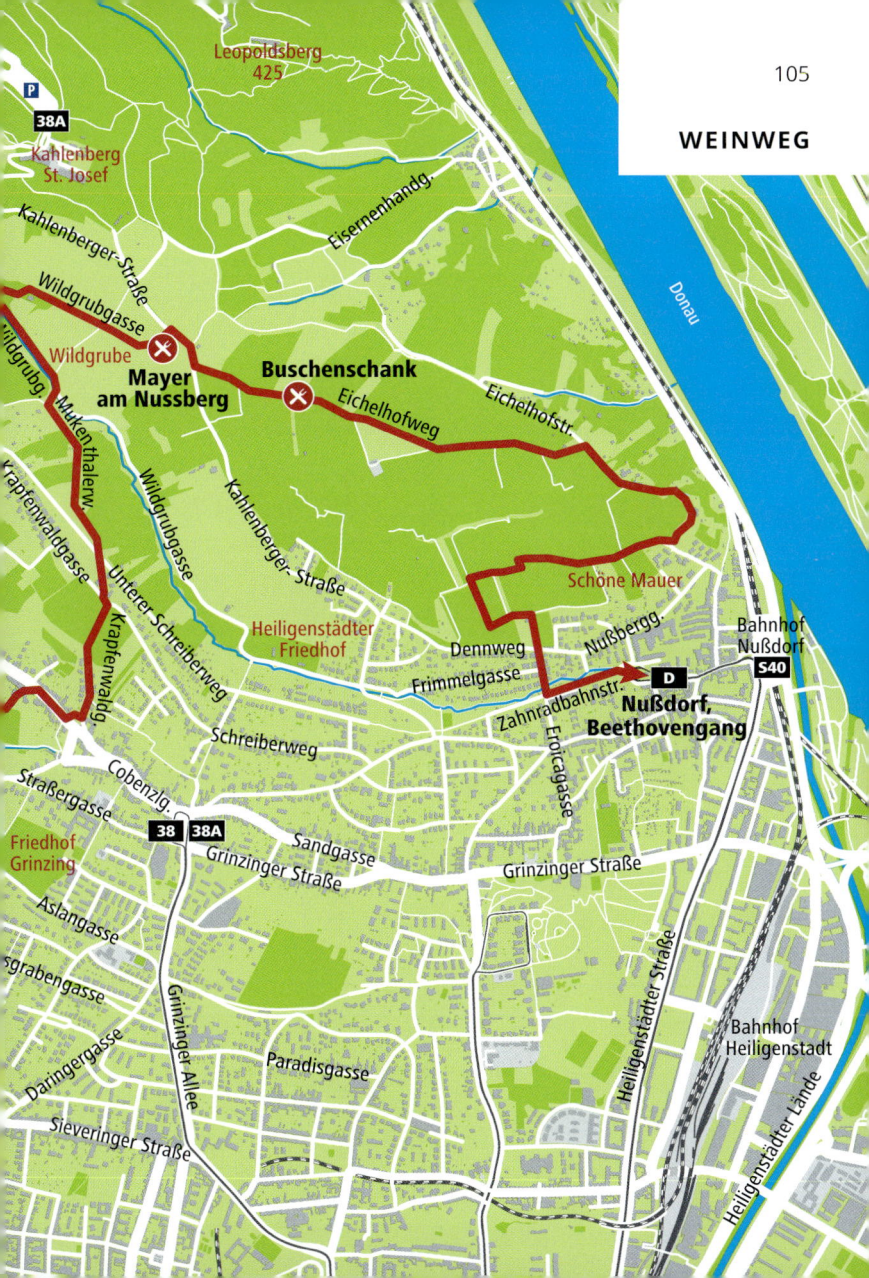

Leopoldsberg
425

P
38A

Kahlenberg
St. Josef

Kahlenberger-Straße

Eisernenhandg.

Wildgrubgasse

Wildgrub

Wildgrube

Mayer
am Nussberg

Buschenschank

Eichelhofweg

Eichelhofstr.

Muken thalerw.

Krapfenwaldgasse

Unterer-Schreiberweg

Wildgrubgasse

Kahlenberger- Straße

Krapfenwald

Donau

Schöne Mauer

Nußbergg.

Bahnhof
Nußdorf

S40

Heiligenstädter
Friedhof

Dennweg

Frimmelgasse

Zahnradbahnstr.

Eroicagasse

D

Nußdorf,
Beethovengang

Schreiberweg

Cobenzlg.

Straßergasse

38   38A

Sandgasse

Grinzinger Straße

Grinzinger Straße

Friedhof
Grinzing

Aslangasse

sgrabengasse

Grinzinger Allee

Paradisgasse

Heiligenstädter Straße

Bahnhof
Heiligenstadt

Daringergasse

Sieveringer Straße

Heiligenstädter Lände

SÜSSE WIENER TRADITION

JE ENGLHOFER JE LIEBER

Naturlehrpfade

Auf lehrreichen Pfaden wandern

Die Stadt Wien (MA49) betreut fünf Naturlehrpfade, wobei sich nur der Lehrpfad Kaiserbrunn nicht im Stadtgebiet befindet. Alle anderen Pfade findest du hier. Resümee: Sie sind nicht nur für Kinder informativ, lehrreich und spannend!

Erlebnispfad Hermesvillapark

BesucherInnen können sich im Rahmen eines Spazierganges durch den Hermesvillapark über die Besonderheiten verschiedener Baum- und Straucharten, Wiesen und Weiden des Wienerwaldes, das Leben im Teich und über die Geschichte der Hermesvilla u.v.m. informieren. Interaktive Stationen entlang des Pfades sorgen für Abwechslung bei Jung und Alt.

Der Naturerlebnispfad der MA49 beginnt beim Besucherzentrum Lainzer Tor. Hölzerne Wildschweinwegweiser leiten uns durch den gesamten Erlebnispfad. Auf Wildpflanzen gesäumten Wegen wandern wir vorbei am Mufflon- und Damhirschgehege bis zur Hermesvilla (Einkehrmöglichkeit). Im großen Bogen führt der Pfad durch den Garten der Hermesvilla bis zu einigen Rastplätzen im Wald, an welchen man die eigene Treffsicherheit beim Zapfenwerfen überprüfen kann.

Zur Linken wenden wir uns in weiterer Folge den eifrigen Bienenvölkern zu, der Erlebnispfad wird jedoch auf der Schotterstraße am Wiesenrand

START & ANREISE
1130 Wien, Hermesstraße 76
Linie 56B › Lainzer Tor
(Haltestelle am Ausgangspunkt)

WEGVERLAUF
Lainzer Tor › Station Totholz › Hermesvilla › Station Bienen › Hohenauer Teich › Lainzer Tor

TOUR
2,5km (¾h) | RW | 60hm

zur Rechten fortgesetzt. Das hölzerne Wildschwein leitet uns zum Hohenauer Teich. Wir überqueren die Wiese und die Allee, wandern kurz am Wildgehege entlang und landen nach ca. 2,5km wieder beim Besucherzentrum.

Das Besucherzentrum Lainzer Tiergarten bietet den BesucherInnen Informationen über das Naturschutzge-

Damhirschgehege

FLORIERENDE LITERATUR

Dein Entdeckergeist ist geweckt und du willst noch mehr über Wiens Baum- und Pflanzenwelt wissen? Dann hast du die Möglichkeit selbst aktiv zu werden, indem du den Tag der offenen Tür der Waldschule Ottakring besuchst oder auf geführten Wanderungen im Nationalpark Donau-Auen die Natur kennenlernst. Du kannst auch auf eigene Faust die Flora Wiens erkunden, frei nach dem Motto: Do it yourself! Um die verschiedensten Pflanzen- und Baumarten unterscheiden zu können, empfehle ich Dir entsprechende Literatur und speziell die Naturführer der Kosmos-Reihe. Vor allem interessant sind die Baum- und Pflanzenführer für Mitteleuropa, der »Kosmos Waldführer« nimmt zusätzlich die heimische Waldfauna unter die Lupe. Als absoluter Literatur-Tipp gilt das Buch »Wiens Pflanzenwelt« vom Verlag des Naturhistorischen Museums Wien. Dieses Buch sollte in keiner Bibliothek fehlen.

Hermesvilla mit Park

©AdobeStock/romanple

biet, ein interaktives Geländemodell sowie die etwa halbjährlich wechselnden Ausstellungen. Entlang des Weges werden auf Schautafeln und anhand lebender Bäume die typischen Baumarten des Wienerwaldes beschrieben. Wir erfahren auch den Unterschied zwischen Horn und Geweih und Wildbiene versus Honigbiene.

Die vielfältige Themenauswahl reicht vom Lebensraum Totholz über die verborgene Lebensgrundlage Boden und die Wurzeln unserer Bäume, bis zu den so genannten Aliens unter den heimischen Pflanzen, die Neophyten.

An mehreren Stationen kann das eigene Geschick auf die Probe gestellt werden, zum Beispiel wenn du über Baumstämme balancierst. Für kleine Pausen gibt es Sitzgelegenheiten. Am Ziel des Erlebnispfades erwartet besonders energiegeladene Kids ein Waldspielplatz.

Naturerlebnispfad Nikolaitor

Das Nikolaitor am Lainzer Tiergarten liegt etwas abseits einer Öffi-Station und erreichen wir vom Bahnhof Hütteldorf ausgehend. Den Bahnhof verlassen wir auf der Südseite Richtung Wienfluss, überqueren den Fluss und die B1 und biegen kurz darauf rechts in die Auhofstraße ab.

Nach wenigen Minuten sehen wir zu unserer Linken das Nikolaitor. Hinter der Informations-Hütte der MA49 entdecken wir eine Hinweistafel zum Naturerlebnispfad. Susa, das Wildschwein, führt uns durch den Naturlehrpfad, versorgt uns mit allerlei Informationen und stellt uns allerlei schwierige Fragen – ein Naturlehrpfad Quiz!

Bergauf führen die ersten Meter, an der ersten Naturstation vorbei, in einer Rechtskurve zur Nikolaikapelle. Nach der kommenden Linkskurve landen wir an weiteren Naturstationen und biegen an einer breiten Schotterstraße rechts ab. Die Susa-Wegweiser zeigen uns außerdem die Gehrichtung. Gleich dem »rundumadum«-Weg folgen wir der Schotterstraße.

START & ANREISE
1130 Wien, Nikolausgasse 1
Linie U4, S45, S50, S80 › Hütteldorf
(12min. Fußweg zum Nikolaitor)

WEGVERLAUF
Nikolaitor › Hackinger Wiese › Baumpilzschau › Geschichtlicher Schauplatz Lainzer Tiergarten › Nikolaitor

TOUR
3,4km (1½h) | RW | 120hm

Im Herbst kann man auf dieser Strecke durchaus echte Wildscheine treffen. Nach der Baumpilzschau spüren wir wieder Asphalt unter den Füßen und wenden uns an der Straße nach rechts. Auf diesem Weg erreicht man wieder das Nikolaitor. Das Nikolaitor unterliegt, wie alle anderen Tore am Lainzer Tiergarten, speziellen und unterschiedlichen Öffnungszeiten.

Gesellige Truppe beim Grünauer Teich

ERLEBNIS LAINZER TIERGARTEN

Von den vier Naturlehrpfaden im Wiener Stadtgebiet entfallen gleich mal zwei auf den Lainzer Tiergarten, diese sind dafür nicht rund um die Uhr begehbar. Der neueste aller Wiener Lehrpfade ist der Erlebnispfad Hermesvillapark – früher als Baumlehrpfad bekannt – beginnend am Lainzer Tor. Auf diesem Weg werden anhand vieler Schautafeln und vor allem lebender Bäume und Sträucher die klassischen Baumarten des Wienerwaldes erklärt und man erfährt Interessantes über die unterschiedlichen Lebensräume von Tieren. So entdeckst du neben klassischen Eichen und Buchen auch die Behausungen von Wildbienen und Wasserbewohnern. Etwas weiter im Norden ist der als Rundweg angelegte Naturerlebnispfad Nikolaitor zu finden. Dieser gibt einen Querschnitt durch die Flora und Fauna des Lainzer Tiergartens sowie dessen Entstehungsgeschichte. Dieser Weg ist vor allem bei Familien und Schulklassen sehr beliebt.

Informationen zu den Öffnungszeiten sind auf www.lainzer-tiergarten.at abrufbar. Wichtig für HundebesitzerInnen: Im gesamten Lainzer Tiergarten ist Haustierverbot!

Was tun, wenn ihr einem Wildschwein begegnet? Im Grunde werden dir die Wildschweine nicht zu nahekommen. Wichtig ist: Ruhe bewahren, Frischlingen aus dem Weg gehen, keine unnötigen hektischen Bewegungen und im Bogen am Wildschwein vorbeiwandern. Wenn du ganz ruhig stehen bleibst, kannst du die Wildschweine bei ihrer Futtersuche beobachten. Dabei durchwühlen sie den Boden nach essbaren Wurzeln, Würmern, Engerlingen, Mäusen, Schnecken und Pilzen. Ihr kräftiges Gebiss kann übrigens sogar hartschalige Früchte wie Kokosnüsse aufbrechen und einzelne, ausgewachsene Keiler können tatsächlich bis zu 200kg auf die Waage bringen.

©natureimmortal - Fotolia.com

Wildschwein im Tiergarten

Naturlehrpfad Obere Lobau

Der Naturlehrpfad Obere Lobau beginnt am Nationalparkhaus Lobau. Dieses erreicht man am besten öffentlich mit der Buslinie 92B. Von der Station Raffineriestraße/Biberhaufenweg folgt man für wenige Minuten dem »rundumadum«-Weg.

Im Haus selbst kann man sich unterschiedliche Informationen zum Nationalpark Lobau besorgen, für den Naturlehrpfad ist ein eigener Infofolder erhältlich, welcher für den Informationshunger am Lehrpfad unerlässlich ist. Denn lesenswerte Schautafeln wird man auf diesem Naturlehrpfad vergebens suchen, die Stationen sind alle mit beschilderten Holzpflöcken markiert.

Vom Nationalparkhaus führt der Dechantweg in die Lobau. Kurz vor der Dechantlacke biegen wir an einer Weggabelung links in Richtung Josefsteg ab, Wegweiser für den Naturlehrpfad zeigen uns die Gehrichtung. An der kommenden Y-Kreuzung wenden wir uns rechts dem Schotterweg zu und biegen nach wenigen Mi-

START & ANREISE
1220 Wien, Dechantweg 8
Linie 92B › Raffineriestraße/Biberhaufenw. (5min. Fußweg zum Nationalparkhaus)

WEGVERLAUF
Nationalparkhaus Lobau › Dechantlacke › Josefsteg › Abzweiger Saltenstraße › Josefsteg › Nationalparkhaus Lobau

TOUR
6,3km (2h) | RW | 10hm

nuten wiederum links ab. Nach dem Josefsteg folgen wir dem Wegweiser Saltenstraße nach links und begehen den Schotterweg in einem sanften Rechtsbogen an der Station Trockenbusch vorbei. Zur Linken können wir einen Abstecher zu einer Au-Plattform unternehmen, der Naturlehrpfad führt weiter am Schotterweg bis kurz vor eine Asphaltstraße.

Josefsteg

»DRUNT' IN DER LOBAU,

*…wenn ich das Platzerl nur wüsst,
hab ich ein Mädel geküsst«.*

Mit diesen Wörtern beginnt ein Wienerlied aus dem Jahr 1926, komponiert von Heinrich Strecker, der Text stammt aus der Feder des Schriftstellers Fritz Löhner-Beda, nach welchem in Meidling die Löhnergasse benannt ist. Die Lobau galt nämlich schon zu früher Zeit als Naherholungsgebiet und als Treffpunkt für die auch noch heute bestehende Freikörperkultur. Diese Kultur dürfte nicht vom Aussterben bedroht sein, im Gegensatz zu einigen Tier- und Pflanzenarten, wie zum Beispiel der Rotbauchunke. Diese Art wird in Österreich als gefährdet eingestuft, findet aber in den Gebieten der Lobau ein wichtiges Rückzugsgebiet vor. Seit dem Jahr 1996 ist die Lobau auch Teil des Nationalparks Donau-Auen, 2004 erfolgte die Ernennung zum Europaschutzgebiet.

In der Lobau sucht man Erholung und Ruhe, fündig wird man allemal. ▼

Links würde man über eine Brücke zur Saltenstraße kommen, wir aber biegen rechts vor der Asphaltstraße auf den Schotterweg am Feldrand. Ein Wegweiser Rundweg Naturlehrpfad hilft uns bei der Orientierung.

Wir folgen dem Wegverlauf stets der Nase nach und treffen auf eine breite Schotterstraße, zur Linken erblicken wir eine Wasseraufbereitungsanlage. An der Straße biegen wir rechts ab, begehen die Kastanienallee und verlassen diese nach der Station Allee und einer großen Wiese zu unserer Rechten nach rechts zum Josefsteg. Auf schon bekanntem Weg finden wir wieder zum Nationalparkhaus zurück.

Empfehlenswert für Badenixen und Wassermänner ist noch ein kurzer Abstecher zur Dechantlacke. Wer mag, an der Nordseite des Gewässers gibt es auch eine FKK-Zone.

Dechantlacke

Schmetterlingslehrpfad

Unseren Weg starten wir gegenüber der Bushaltestelle am Cobenzl. Eine eigene Informationstafel mit Übersichtskarte des recht kurzen, aber feinen Schmetterlingspfades stimmt uns auf diesen Naturlehrpfad ein und erklärt uns auch, wie man am besten die schönen, filigranen Tierchen beobachten kann.

Außerdem erfahren wir, dass wir den hölzernen Schmetterlingsschildern folgen sollen. Gesagt, getan! Die ersten Meter führen uns zur Höhenstraße, an dieser biegen wir rechts ab und erblicken einen hölzernen Schmetterling am Trampelpfad links der Höhenstraße. Das Tagpfauenauge bekommen wir zwar noch nicht in realer Gestalt zu Gesicht, aber in Form einer ersten Informationstafel des Schmetterlingspfades.

Der Pfad führt uns von der Straße weg auf einen Wiesenhang, an dessen oberem Rand wir entlangwandern, an weiteren Stationen vorbeimarschieren und am Ende der Wiese links einen natürlichen Durchgang zu einer Schotterstraße begehen.

START & ANREISE
1190 Wien, Am Cobenzl (Parkplatz)
Linie 38A, 43A › Cobenzl
(Haltestelle gegenüber Ausgangspunkt)

WEGVERLAUF
Cobenzl › Höhenstraße ›
Schmetterlingswiese

TOUR
1,3km (½h) | SW | 30hm

An der Rückseite des Häuserl am Himmel gehen wir den Schotterweg leicht bergab, wenden uns aber nach der Gartenhecke kurz darauf rechts einem Wiesenweg zu.

Dieser führt nun in Richtung Himmelstraße, verläuft aber davor links wieder am Wiesenrand entlang. Hier lässt es sich in der warmen Jahreszeit

Infotafel auf der Bellevuehöhe

DIE NATUR
DES SCHMETTERLINGS

Der Schmetterling ist ein faszinierendes Wesen. Zuerst frisst sich das Tier als Raupe durch die Vegetation, überwintert in einem Kokon als Puppe und streckt im Frühling die Flügel von sich und begibt sich auf die Suche nach Blütennektar. Doch zum Leben eines Schmetterlings gehört nicht nur die eigene Labung, sondern auch das Gefressenwerden. Eine Vielzahl natürlicher Feinde verspeisen mit großer Leidenschaft Eier, Larven, Raupen, Puppen und Schmetterlinge. Aber unsere Natur sorgt auch dafür, dass keine Art gefährdet ist. Auch sind Schmetterlinge neben Bienen für die Bestäubung verantwortlich und sorgen somit für die Erntefähigkeit vieler Früchte. Die Schmetterlinge erfüllen also in vielerlei Hinsicht eine entscheidende Rolle in der Nahrungskette sowie in der Natur. Wenn du das nächste Mal einen Falter zu Gesicht bekommst, denke also daran, dass diese kleinen Lebewesen ein wichtiger Bestandteil der Natur sind.

Schwalbenschwanz

sehr aushalten. Die wunderbare Aussicht auf Wien tut ihr Übriges dazu.

Der Trampelpfad führt uns nun wieder zur Himmelstraße, wir queren die Straße und betreten das weitläufige Gelände der Bellevuehöhe. Wir folgen halbrechts einem Trampelpfad, wandern am Admiral vorbei und erreichen die schöne Bellevuehöhe auf der Schmetterlingswiese.

Weitere Informationen zu den flatternden Sommervögeln, eine perfekte Aussicht auf Kahlen- und Leopoldsberg sowie ein im Sonnenlicht leuchtender Rastplatz lassen den Schmetterlingspfad gebührend ausklingen.

Wer sich wieder auf den Weg nach Hause machen will, kann entweder zum Cobenzl zurückwandern oder am Stadtwanderweg 2, der beim Häuserl am Himmel vorbeiführt, nach Sievering hinuntergehen.

Fotos: shutterstock

Bezahlte Anzeige

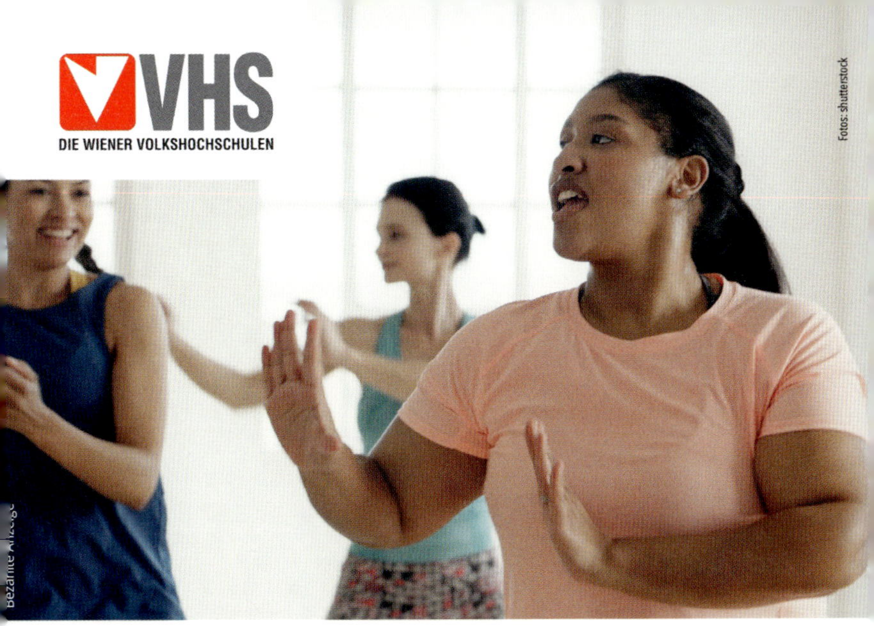

Zeit für
Erfolgs-
erlebnisse

Für alle, die fit ins Frühjahr starten wollen:
After Work Aerobic, Powerfit,
Intervalltraining, Dance Fitness,
Zumba® und vieles mehr!

 Bildung und Jugend

#meinerfolgserlebnis
www.vhs.at

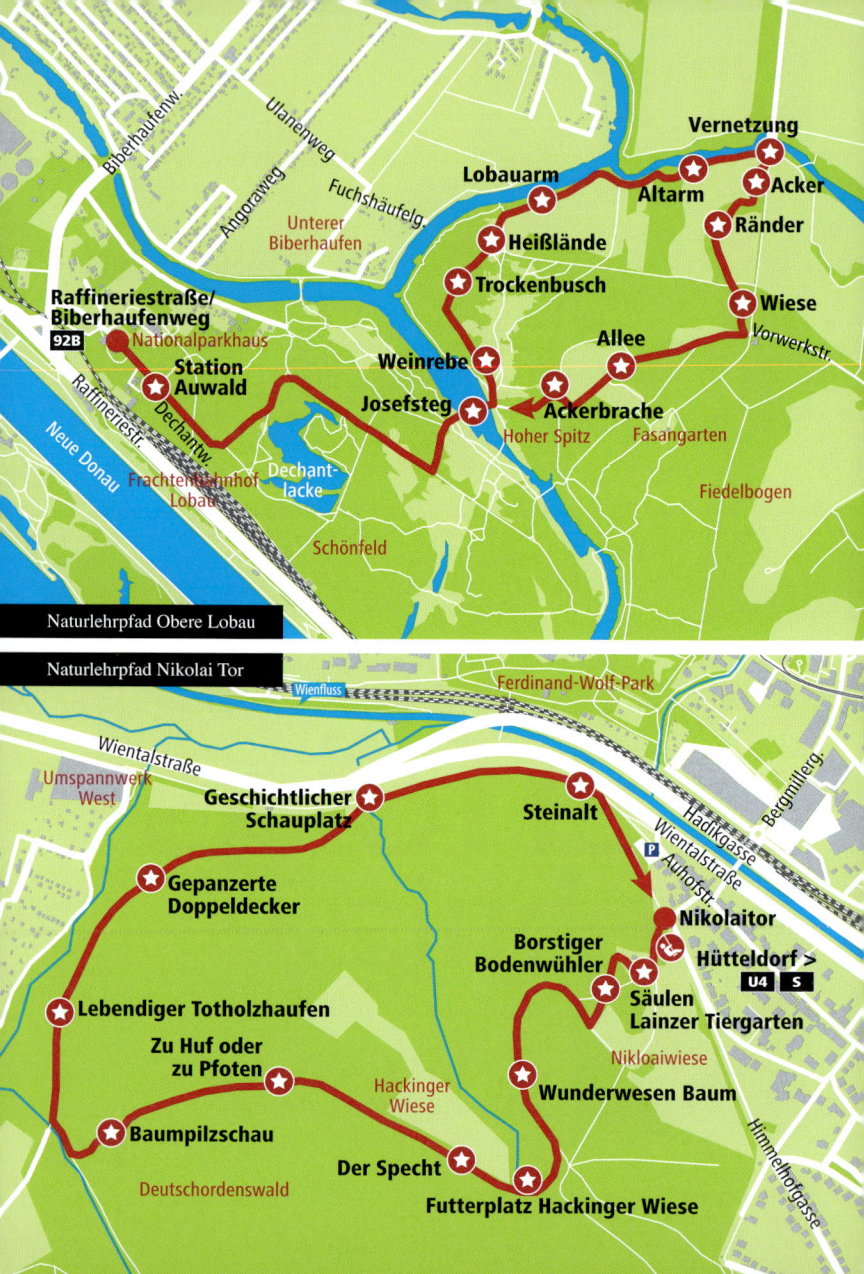

Naturlehrpfad Obere Lobau

Ulanenweg
Biberhaufenw.
Angoraweg
Fuchshäufelg.
Unterer
Biberhaufen

Vernetzung
Lobauarm
Altarm
Acker
Ränder
Heißlände
Trockenbusch
Wiese
Vorwerkstr.
Raffineriestraße/
Biberhaufenweg
92B
Nationalparkhaus
Station
Auwald
Dechantw.
Weinrebe
Allee
Raffineriestr.
Josefsteg
Ackerbrache
Neue Donau
Hoher Spitz
Fasangarten
Dechant-
lacke
Frachtenbahnhof
Lobau
Fiedelbogen
Schönfeld

Naturlehrpfad Nikolai Tor

Wienfluss
Ferdinand-Wolf-Park
Wientalstraße
Umspannwerk
West
Geschichtlicher
Schauplatz
Steinalt
Hadikgasse
Wientalstraße
Bergmillerg.
Auhofstr.
P
Gepanzerte
Doppeldecker
Nikolaitor
Borstiger
Bodenwühler
Hütteldorf >
U4 S
Lebendiger Totholzhaufen
Säulen
Lainzer Tiergarten
Zu Huf oder
zu Pfoten
Nikloaiwiese
Hackinger
Wiese
Wunderwesen Baum
Baumpilzschau
Himmelhofgasse
Der Specht
Deutschordenswald
Futterplatz Hackinger Wiese

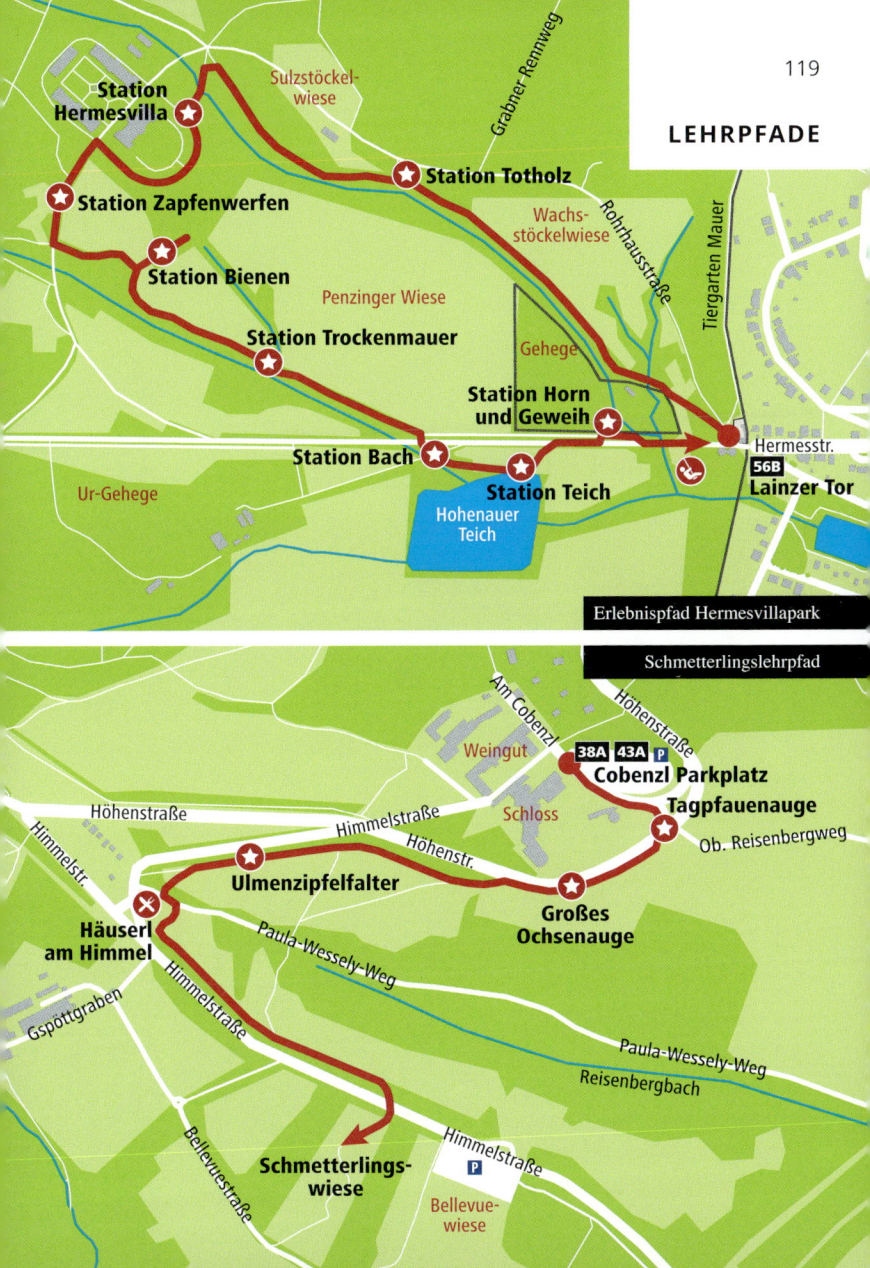

Station Hermesvilla

Sulzstöckel-wiese

Grabner Remweg

Station Totholz

Station Zapfenwerfen

Wachs-stöckelwiese

Rohrhausstraße

Tiergarten Mauer

Station Bienen

Penzinger Wiese

Station Trockenmauer

Gehege

Station Horn und Geweih

Hermesstr.

P

Station Bach

Station Teich

Hohenauer Teich

56B
Lainzer Tor

Ur-Gehege

Erlebnispfad Hermesvillapark

Schmetterlingslehrpfad

Am Cobenzl

Höhenstraße

Weingut

38A 43A P

Cobenzl Parkplatz

Schloss

Tagpfauenauge

Höhenstraße

Himmelstraße

Höhenstr.

Ob. Reisenbergweg

Höhenstraße

Himmelstr.

Ulmenzipfelfalter

Häuserl am Himmel

Großes Ochsenauge

Paula-Wessely-Weg

Himmelstraße

Gspöttgraben

Paula-Wessely-Weg

Reisenbergbach

Himmelstraße

P

Bellevuestraße

Schmetterlings-wiese

Bellevue-wiese

Rundumadum

Einmal rund um Wien

Am »rundumadum-Weg«, einem 124km langen Weitwanderweg rund um die Donaumetropole, ist alles im »grünen Bereich«. Der 2005 eröffnete Weg führt vom Bahnhof Nußdorf ausgehend, gegen den Uhrzeigersinn durch den Wiener Grüngürtel.

Nußdorf › Schwarzenbergpark rundumadum Etappe 1

Von der Station Nußdorf ausgehend, wandern wir rechts durch die Unterführung und entlang der Donau-Promenade nach Norden. Links unter die Straße zum Kahlenbergerdorf wandern, rechts an den Gaststätten und am Parkplatz vorbei geradeaus zum Nasenweg. Nach etlichen Stufen erblicken wir die Kirche St. Leopold zu unserer Rechten, ein kurzer Abstecher zur Aussichtsplattform lohnt sich bei schönem Wetter.

Der Weg führt uns aber entlang dem Gemäuer zur Bushaltestelle am Leopoldsberg und weiter zum Kahlenberg. Gegenüber der Kirche am Kahlenberg wandern wir den beschilderten Pfad bergauf zur Stephaniewarte *(Eintritt: Mai bis Oktober, Sa./So. € 1, Kinder frei).*

Die nächsten Minuten verbringen wir neben der Höhenstraße, betreten beim Cafe Schönstatt aber wieder Waldgelände. Am Fuße des Vogelsangberges führt uns eine 🟨 Markierung links hinab zu einer Wegkreuzung an der Kreuzeiche. Zur Rechten können wir

START & ANREISE
1190 Wien, Heiligenstädter Straße 178
Linie S40 oder D › Bahnhof Nußdorf
(Start an der »rundumadum«-Infotafel)

WEGVERLAUF
Nußdorf › Leopoldsberg › Kahlenberg › Cobenzl › Jägerwiese › Häuserl am Roan › Hameau › Marswiese

TOUR
18,8km (6¼h) | SW | 590hm

gleich zur Jägerwiese weiterwandern, der offizielle Weg führt aber geradeaus zum Cobenzl und in einer Schleife wieder retour zur Lichtung. Weiter folgen wir dem Weg zur Jägerwiese, wandern am Gasthaus vorbei und steigen immer höher am Nordhang des Hermannskogels bergan, welcher über einen markierten Abstecher erreicht werden kann. Der Habsburg-

Parapluieteich im Schwarzenbergpark

GUT AM COBENZL

Cobenzl: die Aussicht ist gut, die Erreichbarkeit ist gut, außerdem gibt es Weingut und Landgut. Weinbau wurde am Fuße des Latisberges schon im 13. Jahrhundert betrieben. Graf Johann Philipp Cobenzl ließ im 18. Jahrhundert eine Schlossanlage errichten, ehe die Stadt Wien am Anfang des 20. Jahrhunderts die Gründe erwarb und vollständig auf Weinbau umstellte. Heute kann man bei Führungen das Presshaus, Weinkeller und Weingärten besichtigen und mehr über das Weingut erfahren. Unweit vom Weingut entfernt befindet sich das Landgut, ein Biobauernhof, der Kindern und Erwachsenen einen Einblick in die biologische Landwirtschaft gibt. Dabei geht es auch um die ökologischen, ökonomischen und sozialen Zusammenhänge der Landwirtschaft.

Lust auf einen Adrenalinschub? Dann besuch doch einfach mal den Waldseilpark am Kahlenberg. ▼

Waldseilpark am Kahlenberg

warte am geographisch höchsten Punkt Wiens statten wir gerne einen Besuch ab *(Eintritt: April bis Oktober, Sa./So., € 1).*

Der weitere Weg führt uns wieder hinab zur Höhenstraße, am »Grüass Di a Gott-Wirt« vorbei und leicht bergauf zum »Häuserl am Roan« am Dreimarkstein. Nach einem Panoramablick auf Wien erreichen wir in weiterer Folge das Hameau und dessen fensterloses Schutzhaus. Nun geht es abwärts am ▬ markierten Weg in Richtung Schwarzenbergpark, biegen nach dem Jagdhaus an der Tiefauwiese rechts ab und wandern ab dem Parapluieteich auf der Schwarzenbergallee in Richtung Stadt. Der Weg führt unter der Neuwaldegger Straße hindurch am Sportzentrum Marswiese vorbei, die Etappe beenden wir aber an der Bushaltestelle der Linie 43A, welche sich zur Linken an der Neuwaldegger Straße befindet.

Schwarzenbergpark › Lainzer Tor
rundumadum Etappe 2

Nach dem Sportzentrum Marswiese biegen wir rechts ab und folgen teils dem ▬ markierten Weg sowie der Beschilderung durch den Laubwald. Am Parkplatz beim Schottenhof wandern wir links gehend wieder tiefer in den Wald hinein zur Kreuzeichenwiese. Der Weg führt nun über die Wiese, verläuft an den schattigen Bänken rechts vorbei und leitet hinab zur Johann-Staud-Straße nahe der kostenlos begehbaren Jubiläumswarte. Die Straße wird überquert, nach dem Teich im Wald biegen wir links ab und folgen dem markierten Weg, eine Straße querend, am Zaun entlang bergab bis zur Bushaltestelle Feuerwache Am Steinhof. Hier betreten wir durch das Tor bei der Feuerwache die Steinhofgründe. *(Achtung: Hundeverbot in diesem Gebiet! Mit dem Vierbeiner vor dem Tor rechts abbiegen und die Steinhofgründe westseitig ins Rosental umgehen. Öffnungszeiten: April bis Okt. von 6:30-21:00, Nov. bis Dez. von 7:00-19:00.)* Wir folgen der Beschilderung durch die Steinhofgründe in Richtung Rosental Schutzhaus und

START & ANREISE
1170 Wien, Neuwaldeggerstraße 44-48
Linie 43A oder 445 › Marswiese
(1min. Fußweg zur Unterführung)

WEGVERLAUF
Schwarzenbergpark › Jubiläumswarte › Steinhof › Dehnepark › Hütteldorf › Nikolaitor › Rohrhaus › Lainzer Tor

TOUR
17km (5½h) | SW | 430hm

Dehnepark und verlassen die Gründe wieder durch eine Tür am Heschweg. Wir gehen links der Straße entlang und betreten an einer Linkskurve den Dehnepark. In Serpentinen steigen wir zum Rosental hinab, folgen diesem in Flussrichtung, umrunden den Teich, durchqueren einen Spielplatz und erreichen über die Dehnegasse und Rosentalgasse die Linzer Straße.

Steinhofgründe

DER »ARME SCHLUCKER«

Der Lainzer Tiergarten erlangte seine Ausdehnung unter Kaiser Josef II. Die Mauer rund um den Lainzer Tiergarten umfasst ein Gebiet von über 2.400 Hektar und wurde vom Maurermeister Philipp Schlucker erbaut. Sein Angebot lag so niedrig, daher befürchtete man, dass er als »armer Schlucker« enden wird. Einige Reste der Originalmauer sind im Bereich Hörndlwald noch erhalten. Die heimisch gewordenen Tierarten hingegen finden im geschützten Gebiet einen natürlichen Reichtum vor. Damwild, Wildschweine und Europäische Mufflons können in diesem Natura 2000 Schutzgebiet nahezu ungestört den Tag verbringen. Der Lainzer Tiergarten wird als Naherholungsgebiet geschätzt, auch wenn Erreichbarkeit und Infrastruktur keine Massen befriedigen können. Doch gerade deshalb macht es das Gebiet zu einem wahren Erholungsgebiet.

Die Nikolaikapelle ist einer der ältesten Sakralbauten Wiens (Ende 12. Jht.) ▼

Nikolaikapelle

An dieser links abbiegen, bei der Bahnhofstraße rechts zum Bahnhof Hütteldorf wandern. Die Gleise werden im Bahnhof unterquert, auf der anderen Gebäudeseite überqueren wir die B1 auf der Fußbrücke. Über die Lilienberggasse und Auhofstraße landen wir am Nikolaitor und betreten den Lainzer Tiergarten *(Öffnungszeiten: www.lainzer-tiergarten.at; Hundeverbot; Ausweichroute mit dem Hund an der Ostseite der Tiergartenmauer entlang nach Kalksburg).* Wir wandern an der Nikolaikapelle vorbei, folgen dem beschilderten Weg gemeinsam mit dem Naturlehrpfad zu einer Asphaltstraße und biegen an dieser links ab. An einer Waldkreuzung mit Rastplatz biegen wir links zum Rohrhaus ab. Nach dem Haus rechts auf die Schotterstraße abbiegen, an der Hermesvilla zu unserer Rechten vorbeiwandern, der Lehrpfad führt uns zum Lainzer Tor und zum Ende der Etappe. Die Bushaltestelle befindet sich gleich außerhalb des Tores.

Lainzer Tor › Wienerberg
rundumadum Etappe 3

Vom Lainzer Tor ausgehend wandern wir die breite Allee am Wildgehege entlang und folgen der Forststraße tiefer in den Wald hinein. Der gut beschilderte Weg führt uns direkt zum Gütenbachtor, an welchem wir den Lainzer Tiergarten wieder verlassen und die Asphaltstraße stadteinwärts entlangwandern. Nach dem Haus Nr. 19 biegen wir links auf eine Hangwiese ab.

Wir treffen auf den Stadtwanderweg Nr. 6, welchen wir links jedoch nicht weit bergauf begehen, da wir nach wenigen Metern rechts auf einen Trampelpfad wechseln. Wir folgen dem Verlauf des breiter werdenden Weges, wandern in einem großen Linksbogen am Pappelteich vorbei und treffen auf eine Wegkreuzung am Rodelhügel.

Nun begleitet uns erneut der Stadtwanderweg 6. Wir spazieren die Asphaltstraße nach Kalksburg bergab, biegen an der Breitenfurter Straße links und kurz darauf rechts in die Mackgasse ab. Vor einer Brücke geht

START & ANREISE
1130 Wien, Hermesstraße 76
Linie 56B › Lainzer Tor
(Haltestelle am Ausgangspunkt)

WEGVERLAUF
Lainzer Tor › Gütenbachtor › Pappelteich › Kalksburg › Rodaun › Liesing › Am Steinsee › Wienerberg

TOUR
18,2km (5h) | SW | 120hm

es links am Promenadeweg entlang der Reichen Liesing.

Ambrosweg und Aumühlstraße führen uns durch eine Wohngegend zur Paul-Katzberger-Gasse. Wir gelangen über den Katzbergersteg wieder über die Liesing und biegen gleich nach rechts auf den Weg neben der Liesing ab.

An der Liesing

Exelberg

Simonsberg

★ **Hameau**

Grünberg

Höhenstraße

Häuserl am Roan

🍽 P 43A
Dreimarkstein-
wiese

Exelbergstr.

Höhenstraße

Salmannsdorf

Tiefau-
wiese

Schwarzen-
bergpark

Höhenstraße

Michaelaberg

Amundsenstr.

43A 445
Marswiese

Schafberg

Pötzleinsdorfer
Schlosspark

Heuberg

Schwarzenbergallee

Neuwaldeggerstr.

Neuwaldegg
43 43A 445

Pötzleinsdorf
41

Dornbach

Alszeile

Dornbacher Str.

Czartoryskigasse

Gersthoferstraße

Gersthof

Sandleteng.

Türken-
schanzpa

Sievering

Rathstraße

Agnesstr.

Krottenbachstraße

Hackenber

Weidling

Höhenstraße

Gewerbegebiet Schüttau

🍴 **Gasthaus zum Agnesbrünnl**

-iese

Sulzwiese ⭐

Höhenstraße

Josefinenhütte 🍴

Kreuzeiche

Wald-seilpark

Höhenstraße

Stef. Warte

38A P

38A P

mmel-wiese

🍴 **Cobenzl**

38A 43A

Kahlenberg St. Josef ⭐

Leopolds-berg ⭐

Bellevue-höhe

Cobenzlgasse

Krapfen-waldbad

Wildgrube

Nasenweg

Kahlen-bergerdorf

400

Heiligenstädter Str.

Grinzing

38

Sieveringer Straße

Grinzinger Straße

Nußdorf

Bahnhof Nußdorf

D S40 400

Hohe Warte

Heiligenstädter Str.

Donauuferautobahn

Wolfersberg

Lainzer
Tiergarten

Grünauer Teich

Rohrhaus

Lainzer
Tiergarten

Nikolaitor

Lainzer
Tiergarten

Bahnhof Hütteldorf

U4 S REX

Hermesvilla

Linzer Str.

Rosent

Hohenauer Teich

Wienfluss

Ober St.Veit

Lainzer Tor

56B

Hörndlwald

Roter Berg

Unter St.Veit

Krankenhaus
Hietzing

Küniglberg

Hermesstraße

Hadikgasse

Linzer Str.

N

60 62 56B
Speising/Hermesstraße

Schönbrunn

olbeterberg

Exelberg

Schottenwald

Schottenhof

Amundsenstr.

Amundsenstr.

Hanslteich

Exelbergstr.

Schwarzen-
bergpark

Höhenstr.

43A **445**
Marswiese

Jubiläumswarte

52B

Kreuzeichenwiese

**Schwarzen-
bergallee**

Silbersee

Dehnepark

Neuwaldegger Str.

46A **46B** **52B**
Feuerwache Am Steinhof

43 **43A** **445**
Neuwaldegg

Erholungsgebiet
Steinhof

Klinik Penzing

ersteig

Johann-Staud-Straße

Ottakring

Gersthof

Gablenzgasse

REICH UND DÜRR

Lust auf eine Weitwanderung entlang der Liesing? Folge einfach dem Verlauf zum Schwechatfluss, weiter gehts an der Donau und bald landest du am Schwarzen Meer. Reicht dir aber die Begehung am »rundumadum«-Weg, wirst du auf beide Liesing-flüsse treffen, wobei erst kurz nach dem Ambrossteg die Dürre Liesing in die Reiche Liesing mündet. Die unterschiedliche Benennung ist den durchfließenden Gesteinsschichten geschuldet. Die Dürre Liesing fließt durch Kalkgebiet und versiegt in Trockenzeiten, während die Reiche Liesing die weniger wasserdurchlässige Flyschzone durchströmt und bei starkem Niederschlag relativ schnell ansteigt.

Der Maurer Wald ist auch ein kinderfreundliches Erholungsgebiet. Am Ausflugsrestaurant »Zur Schießstätte« kann am Waldspielplatz getobt werden, am Pappelteich steht die Schaukel kaum still und im Winter nimmt man am Rodelhügel Fahrt auf. ▼

Herbstkulisse im Maurer Wald

Beim Aquäduktsteg wechseln wir erneut das Ufer, wenige Minuten später landen wir am Bahnhof Liesing.

Durch die Bahnunterführung gehen wir hindurch, über die Fröhlichgasse und weiter entlang der Liesing, ehe das Gewässer unterirdisch weiterfließt.

Wir wandern nun geradeaus weiter bis zur Brunner Straße, überqueren diese und gehen nun ein kurzes Stück an der Brunner Straße entlang in Richtung Stadtzentrum. Zur Rechten erblicken wir die Liesing. Dem Pfad neben dem Gewässer folgen wir (ca. eine Stunde lang) bis zum Inzersdorfer Kirchenplatz.

Zur Linken begehen wir die Unterführung und landen danach am Otto-Probst-Platz, unserem heutigen Etappenende an der Endstation der Straßenbahn 11.

Wienerberg › Raffineriestraße
rundumadum Etappe 4

Den Straßenbahngleisen folgen wir entlang der Otto-Probst-Straße bis zum Tesarekplatz und wandern links am Hugo-Meisl-Weg weiter. Gegenüber dem Haus Nr. 13 führt uns ein Trampelpfad nach rechts, am Schotterweg biegen wir abermals rechts ab, erreichen am Gasthof Chadim den Friedrich-Adler-Weg, wenden uns nach rechts und betreten nach der Häuserreihe den Wienerberg zur Linken.

An der kommenden Wegkreuzung führen uns Schilder rechts auf einen Schotterweg. Diesem folgen wir einige Minuten bis zu einer weiteren Wegkreuzung und begegnen kurzzeitig dem Stadtwanderweg 12. Zur Rechten erblicken wir den Waldspielplatz, durchqueren diesen und überqueren die Neilreichgasse.

Die Sibeliusstraße führt uns zur Heuberggstätten, wir gehen am Gstättenrand weiter. Nun geht es über den Franz-von-Sales-Steg in die Saligergasse, am FH Campus vorbei zur Favoritenstraße. Diese queren, zur Linken den Volkspark durchschreiten und

START & ANREISE
1100 Wien, Otto-Probst-Platz 10
Linie 11 oder 16A › Otto-Probst-Platz (Haltestelle am Ausgangspunkt)

WEGVERLAUF
Wienerberg › Volkspark Laaerberg › Löwygrube › Zentralfriedhof › Kraftwerk Freudenau › Toter Grund › Raffineriestraße

TOUR
18,8km (5½h) | SW | 270hm

weiter in die Endlichergasse, rechts auf den Gehweg und links in die Theodor-Sickel-Gasse.

Die Laaer-Berg-Straße queren, den Laaer Wald zur Rechten betreten und durchqueren. Am Siedlungsrand bergab zur Löwygrube wandern, an einer Wegkreuzung rechts in den Löwyweg und geradeaus dem Feld-

Wienerbergteiche

132

ZIEGLEIN, ZIEGLEIN IN DER WAND

Der Wienerberg wurde schon zur Römerzeit für die Ziegelherstellung herangezogen. Das große Lehmvorkommen auf dem Bergrücken veranlasste auch Maria Theresia, im Jahr 1775 die erste staatliche Ziegelei am Wienerberg zu eröffnen. An diesem Ort begann auch der Erfolg des weltweit tätigen Ziegelunternehmens Wienerberger. Die starke Ziegelproduktion prägte vor allem im 19. Jahrhundert die Wiener Architektur, als Paradebeispiel kann hier das Wiener Arsenal am Hauptbahnhof herangezogen werden. Einige Kilometer ostwärts wurden im Gebiet des Laaer Waldes ebenfalls Ziegel produziert, Blauer Teich und Butterteich sowie die Löwygrube sind als Reste der Abbautätigkeiten übriggeblieben.

330.000 Gräber sind ausschlaggebend dafür, dass der Wiener Zentralfriedhof zu den größten Friedhöfen Europas zählt und dank der vielen Ehrengräber als beliebte Touristenattraktion gilt. ▼

Lueger-Kirche am Zentralfriedhof

weg zur Bahnüberführung folgen. Die Beschilderungen führen uns zum Zentralfriedhof und wir betreten diesen durch das Tor 11. Stets geradeaus gehend verlassen wir den Friedhof durch das Tor 2 und gehen gegenüber in die Anton-Mayer-Gasse. *(Mit dem Hund wandern wir links an der Friedhofsmauer entlang.)*

Kurz nach dem Tierfriedhof schlägt die Asphaltstraße eine Linkskurve, geradeaus führt uns ein Karrenweg am Friedhof Kaiserebersdorf vorbei zur Meidlgasse. Unseren Weg setzen wir in der Schmidgunst- und der Kühgasse fort. An der Zinnergasse wenden wir uns links und gehen zum Kraftwerk Freudenau.

Wir benutzen den Übergang zur Donauinsel, steigen zum Treppelweg ab und wandern an der Seite der Neuen Donau zur Steinspornbrücke. Diese begehen wir, halten uns rechts und erreichen die Bushaltestelle der Linie 92B.

Raffineriestraße › Agavenweg
»rundumadum«-Etappe 5

An der Bushaltestelle führt uns der Biberhaufenweg leicht hinunter, der »rundumadum«-Weg biegt nach den Gleisen rechts zum Nationalparkhaus ab. Wir betreten die Lobau, wandern an der Dechantlacke am Süd- und Ostufer entlang, überqueren den Josefsteg und folgen den Wegweisern zur Panozzalacke. Direkt vor dem Knusperhäuschen biegen wir halbrechts auf einen Wanderweg ab und folgen diesem an einem alten Bunker vorbei zum Parkplatz am Öllager.

Kurz davor wenden wir uns nach links und wandern neben dem Gleis nach Nordosten, überqueren kurz darauf das Gleis und bleiben weiterhin am »rundumadum«-Weg. Gut beschildert führt uns der Weg die nächsten zwei Stunden durch die Lobau zur Eßlinger Furt, die letzten Kilometer können wir uns auch an den 🟥 🟩 Markierungen orientieren.

An der Eßlinger Furt verlassen wir die Lobau über einen Holzsteg, gehen am Gasthaus vorbei und wenden uns nach links in die Reinholdgasse.

START & ANREISE
1220 Wien, Biberhaufenweg 228
Linie 92B › Raffineriestr./Biberhaufenweg (Haltestelle am Ausgangspunkt)

WEGVERLAUF
Raffineriestraße › Dechantlacke › Panozzalacke › Donau-Oder-Kanal › Eßlinger Hauptstraße › Agavenweg

TOUR
19,7km (5½h) | SW | 20hm

Nach der Kirschenallee biegen wir rechts auf einen Trampelpfad im Grünstreifen ab.

Ab einer Tennisanlage verläuft der Weg an der Kirschenallee weiter und führt zur Eßlinger Hauptstraße. Diese überqueren wir, wenden uns nach links und verlassen die Straße nach wenigen Metern nach rechts in die

Donau-Oder-Kanal

Schönbrunn

Grünbergstraße

60 62 56B
Speising/
Hermesstraße

Azgersdorfer Straße

Friedhof
Meidling

Altmannsdorfer Straße

Wienerberg

Breitenfurter Straße

Harry-
Glück-
Park

Alterlaa

Erlaer Straße

U6 60A 64A
66A 67B

Erlaer
Schloßpark

**Schwarzen-
haidestraße**

65A 66A 67B

Steinsee

Triester Straße

**Otto-Probst-
Platz**

11 16A

Draschepark

Carlbergergasse

Altmannsdorfer Straße

Autobahn

Triester Straße

Inzersdorf

Perfektastraße

Liesing

EIN GEBIET MIT GESCHICHTE

Die Zeit, in welcher das heutige Gebiet der Lobau noch von der Donau mäanderförmig durchflossen wurde, war mit der 1875 erfolgten Donauregulierung vorbei. Der Wiener Dschungel entstand, als sich die alten Donauarme in stehende Gewässer umwandelten. Noch viele Jahre vor der Donauregulierung fand im Gebiet der Lobau zwischen Aspern und Essling eine berühmte Schlacht zwischen Napoléons Armee und der Österreichischen Armee statt: die Schlacht bei Aspern. Sie ging deshalb in die Geschichte ein, weil es die erste Schlacht war, die Napoléon nicht gewinnen konnte. Doch zwei Monate später, am 5. Juli 1809, war Napoléons Armee bei der Schlacht am Wagram wieder obenauf. In der Lobau erinnern einige Denkmäler an diese Zeit.

Seit einigen Jahren entsteht mit der Seestadt Aspern ein neuer Stadtteil und ist bezeichnend für Wiens Nordosterweiterung. ▼

Seestadt Aspern

©AdobeStock/ksch

Illnerstraße. Auf Schotterwegen erreichen wir zur Linken wieder grünes Gelände und wandern am Grünstreifen nach Norden. In der kommenden Wohnsiedlung wenden wir uns an der Memlinggasse nach links und folgen dem Verlauf in die Casinonestraße.

Kurz danach folgen wir dem Straßenverlauf nach links in die Ostbahnbegleitstraße, unter der U2 hindurch, zur U- und S-Bahn-Station Aspern Nord. Links davon überqueren wir auf einem Geh- und Radsteg die Bahngleise und folgen der Mayredergasse stets geradeaus zur Breitenleer Straße.

Die Bushaltestelle der Linie 24A befindet sich direkt an der Kreuzung bzw. am Agavenweg auf der anderen Straßenseite.

Agavenweg › Strebersdorf
rundumadum Etappe 6

Direkt neben der Bushaltestelle begehen wir den Agavenweg vorbei am Peischerwasser zur Schukowitzgasse. Wir wenden uns nach rechts, gehen an einem Schranken vorbei und wandern zu einer abgetragenen Brücke, an welcher wir links abbiegen. Am Ende der Azaleengasse rechts in die Oleandergasse einbiegen, an der kommenden Kreuzung geradeaus den Erdweg begehen.

Wir wandern über die Schnellstraße und biegen rechts in den Campingplatzweg ein. Am Trampelpfad an einer Pferdekoppel vorbei, vor dem Badeteich Süßenbrunn halten wir uns rechts und erreichen am Spindlerweg Süßenbrunn. Vor dem Schloß links in die Weingartenallee, immer geradeaus bis zu einer Eisenbahnunterführung, danach rechts und zwei Mal links dem Elfingerweg bis zum Bahnhof Gerasdorf folgen. Die Bahnstraße führt uns in das Zentrum von Gerasdorf. Wenige Meter nach einer Ampelkreuzung biegen wir in die Westliche Scheunenstraße und kurz darauf links in die Franz-Wallner-Gasse ein.

START & ANREISE
1220 Wien, Breitenleer Straße 305
Linie 24A › Agavenweg
(Haltestelle am Ausgangspunkt)
WEGVERLAUF
Agavenweg › Süßenbrunn › Gerasdorf › Falkenberg › Stammersdorfer Kellergasse › Strebersdorf/Mühlweg
TOUR
22,5km (6¼h) | SW | 180hm

An der Schulgasse rechts abbiegen, am Badeteich vorbei und den Marchfeldkanal überqueren.

Nun entlang des Kanals bis zu einer Siedlung wandern, der Weg am Kanal macht hier eine Linkskurve, wir gehen halbrechts bergauf zur Straßenkreuzung und begehen die Tilakstraße. An deren Ende links und kurz

Am Herrenholz

ZU BESUCH IN GERASDORF

Die Durchquerung der Stadtgemeinde Gerasdorf ist der einzige Nicht-Wien-Abschnitt am »rundumadum«-Weg, wenn man von den Grenzerfahrungen im Wienerwald und am Bisamberg absieht. Gerasdorf war in gewisser Weise einzigartig, war sie doch vor der Aufhebung des Bezirks Wien-Umgebung im Jahr 2017 die einzige Gemeinde Österreichs, die innerhalb ihres Bezirkes nicht an andere Bezirksgemeinden angrenzte. Abgesehen von den politischen Grenzziehungen war Gerasdorf von 1938 bis 1954 bei Wien eingemeindet, wird den Bäumen im Zentrum dank »Urban Knitting« nicht kalt und das Kulturzentrum wird für Literaturlesungen, Kabaretts und sonstige Kulturvorstellungen genutzt.

Der Marchfeldkanal ist ein künstlich angelegtes Gewässer, leitet Donauwasser in das Marchfelder Kanalsystem und ist für die Landwirtschaft nicht mehr wegzudenken. ▼

danach rechts auf einen Trampelpfad abbiegen, welcher uns zur Brünner Straße führt. Nach wenigen Metern auf der Straße wechseln wir links auf den Mitterhaidenweg. Dem Wegverlauf folgen wir bis zum Herrenholz, wandern am Waldrand entlang, biegen an der Autostraße links ab und wechseln nach wenigen Metern rechts auf den Pfad zwischen Weingärten. Bergauf wandernd erreichen wir die Eichendorff-Höhe, folgen dem gepflasterten Weg hinab zum Magdalenenhof und gehen die Senderstraße bergab zur Stammersdorfer Kellergasse. Am Parkplatz vorbei wandernd, begehen wir direkt am Eingang zur Genusshütte die Krottenhofgasse.

Die nächste halbe Stunde die Gasse bergab spazieren, der querenden Strebersdorfer Straße nach links folgen und am Mühlweg (Bus 32A) die Etappe beenden *(Sa-So: Straßenbahn 26 ist 800m entfernt)*.

Frühling am Marchfeldkanal

Strebersdorf › Nußdorf
rundumadum Etappe 7

Direkt an der Bushaltestelle begehen wir den Mühlweg südwärts vorbei an Wohnblöcken zum Marchfeldkanal. Wir überqueren die Brücke über den Kanal und biegen vor der Kleingartensiedlung rechts auf den Weg neben dem Kanal ab. Der Weg führt uns unter der Prager Straße hindurch und setzt am Kanal die Wanderung fort.

Eine Viertelstunde später trifft der Pfad auf den Kretschmerweg, die Beschilderung führt uns rechts über zwei Brücken und kurz darauf links auf einen Schotterweg. Kurz vor der Autobahnbrücke biegen wir links über zwei weitere Brücken ab und wenden uns dem Hubertusdamm zur Linken zu.

Wir überqueren die Donauufer-Autobahn und wandern nun an der Neuen Donau entlang zur Jedleseer Brücke. Der »rundumadum«-Weg führt uns auf die Donauinsel und in weiterer Folge längs am Ufer der Donau zum Steinitzsteg, markant sind hier die gelben Abgrenzungen. Wir überqueren die Donau, in einer Linksschleife

START & ANREISE
1210 Wien, Strebersdorfer Straße 141
Linie 32A › Mühlweg
(Haltestelle am Ausgangspunkt)

WEGVERLAUF
Strebersdorf/Mühlweg › Marchfeldkanal › Jedleseer Brücke › Steinitzsteg › Nußdorf

TOUR
8,9km (2½h) | SW | 20hm

unterschreiten wir den Steinitzsteg, nach einem weiteren Linksbogen landen wir an einem Parkplatz und überqueren am gegenüber liegenden Nußdorfer Steg den Donaukanal. Nach dem Steg wenden wir uns dem Geh- und Radweg zur Rechten zu und wandern entlang des Kanals wieder zu unserem ursprünglichen Ausgangspunkt am Bahnhof Nußdorf. Gratu-

Donauinselstrand

DONAUINSEL FOREVER

»Iiinsel, Donauinsel.« Mit diesen wunderbaren Worten endet die Fernsehreportage »Alltagsgeschichte Donauinsulaner« von Elizabeth T. Spira aus dem Jahre 1996, kurz davor ist noch vom Garten Österreichs die Rede. Die Alltagsgeschichten haben in der österreichischen Fernsehgeschichte einen gewissen Kultfaktor erreicht und werden in einem Atemzug meist mit der oben erwähnten Reportage genannt. Mit dem Monsterprojekt Donauinsel hat die Stadt Wien in den 70er und 80er Jahren zwei Fliegen mit einer Klappe erschlagen: Erstens funktioniert der Hochwasserschutz seitdem bestens und die Stadt blieb in den Jahrhunderthochwassern 2002 und 2013 von den Wassermassen verschont, und zweitens hat sich die Donauinsel zum Wiener Freizeitparadies schlechthin entwickelt.

Die Brückenaussicht vom Steinitzsteg erinnert an das Panorama der Steinspornbrücke, nur genau von der anderen Seite. ▼

lation, einmal um Wien am »rundumadum-Weg« ist GEHschafft!

Nachwort zum Weg

Der Weg wurde in den letzten Jahren immer wieder mit Streckenänderungen konfrontiert. Im Wienerwald sind die begangenen Wege schon lange fixer Bestandteil und werden kaum einer Verbauung ausgesetzt sein.

Anders ist die Situation in der Donaustadt, hier gab es immer wieder Wegänderungen und diese werden wohl auch in Zukunft stattfinden. Sei also auf der Hut, lass dich von vielleicht fehlenden Wegweisern nicht entmutigen und notiere Dir die Stelle, die unzureichend beschildert ist. Teile uns diese Meldung mit und wir werden die Information weiterleiten! Danke für Deine Mithilfe!

Fragestellung am Steinitzsteg

BEWEGTE APOTHEKE
– FREUDE AN BEWEGUNG

GEHEN SIE MIT UNS ...

GRATIS ANGEBOT

…gemeinsam in der Gruppe unter Anleitung von Bewegungstrainer*innen. Ein kostenloses Nordic Walking Angebot der Wiener Gesundheitsförderung in Kooperation mit Wiener Apotheken.

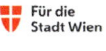

Für die Stadt Wien

www.wig.or.at/bewegteapotheke

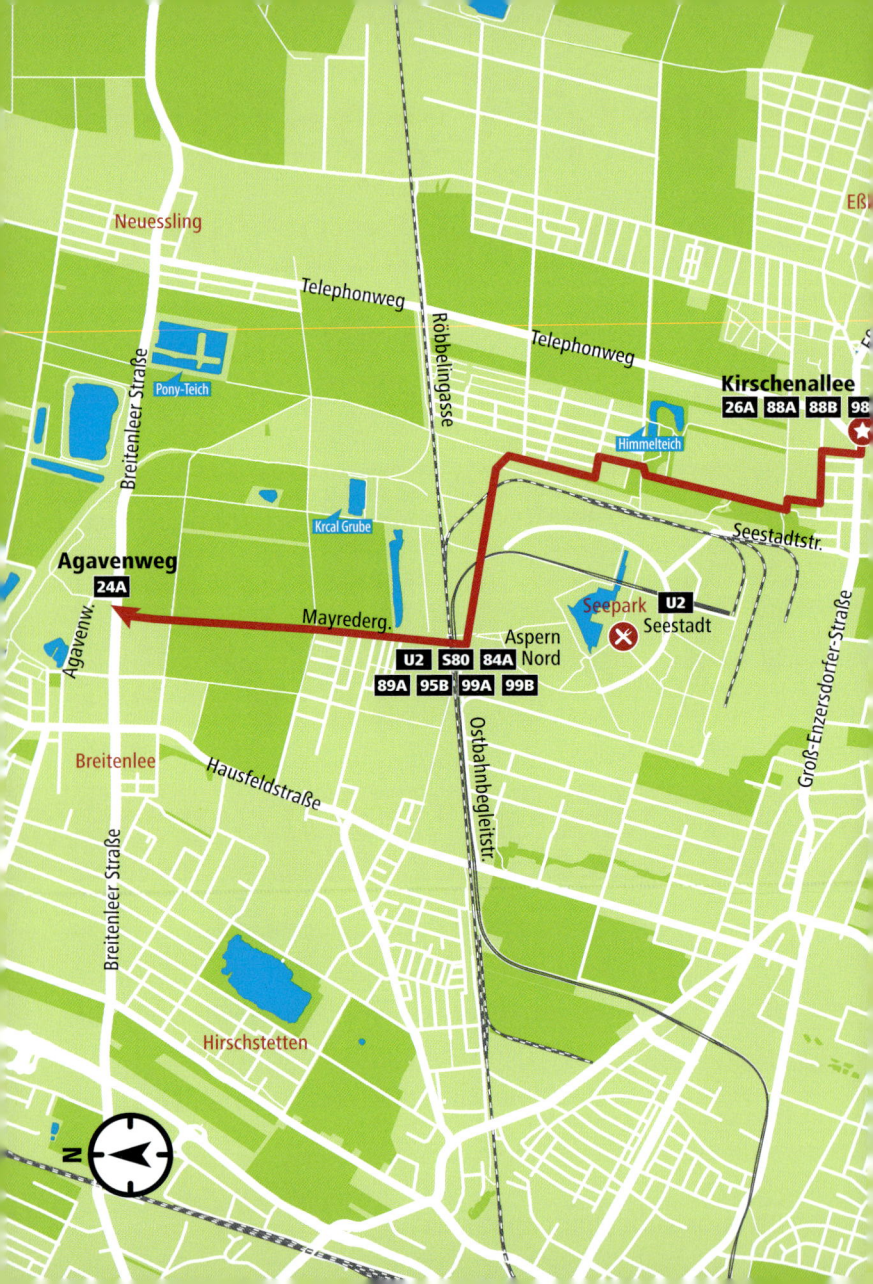

Groß-Enzersdorf

Napoleon Schanzen

Stadler Furt

Uferhaus

Donau-Oder-Kanal II Badeplatz

Eßlinger Furt

Kirschenallee

88B

Nationalpark Donauauen

Ölhafen Lobau

Lobgrundstr.

Zentral-tanklager

92B

Zum Knusper-häuschen

Panozzalake

Josefsteg

Donauinsel

Dechantlacke

Biberhaufenweg

Raffineriestraße

Neue Donau

Donau

Freudenauer Hafenstraße

National-parkhaus

92B

Raffineriestraße/Biberhaufenweg

Kapellerfeld

Sevringer Straße

Wr. Nordrand Schnellstr.

Marchfeldkanal

Marchfeldkanal

Gerasdorfer Badeteich

Hauptstraße

**Volk-
schule**

Bahnstraße

Gerasdorf

Elfingerweg

S2

Gerasdorf

Schieß-
stätte

Weingartenallee

Golf Club

Leopoldauer Str.

Thayagasse

**Süßenbrunn/
Bettelheimstraße**

25A **25B**

Süßenbrunn

**Badeteich
Süßenbrunn**

Alte Str.

Wagramer Straße

Camping-
platz

S2

Julius-Ficker-Straße

Gewerbe-
park

Deponie
Rautenweg

Pelargonienw.

Rußwasser

Rautenweg

S2

Oleandergasse

85A **97A**

Breitenlee

Breitenleer Straße

Oleanderg.

Agavenw.

24A

Agavenweg

Brünner Straße

Floridsdorf

Floridsorfer Wasserpark

Koloniestraße

Prager Straße

Floridsdorfer Brü

Jedleseer Straße

Jedleseer Aupark

Neue Donau

Donauuferautobahn

Steinitz-steg

Nordbrücke

Donau

Treppelweg

Jedleseer Brücke

Hirschenhain

Schemerlbrücke

Muthgasse

Donaukanal

D **S40**

Bahnhof Nußdorf

Heiligenstädter Straße

Kahlenberger Straße

Grinzinger Straße

Stadtspaziergang 1

Innenhöfe, Durchhäuser und Pawlatschen

Wiens Stadtspaziergänge

In Wien wird nicht nur gewandert. Die Leute gehen, flanieren, stolzieren, schlendern, bummeln, strawanzen – und sie spazieren. Hierfür hat die Stadt Wien bereits mit »Virtuellen Stadtspaziergängen« vorgesorgt. Virtuell deshalb, weil diese Spaziergänge zwar einer bestimmten Route folgen, aber nicht vor Ort markiert oder beschildert sind. Fünf Spaziergänge dieser Art gibt es. Drei davon folgen den Straßenbahnlinien 1, 2 und D, zwei weitere Touren behandeln Innenhöfe und Durchhäuser sowie das Jüdische Wien. Während die erstgenannten keine besondere Wegbeschreibung benötigen, bewegen sich die beiden Themenspaziergänge kreuz und quer durch die Stadt. Außerdem sind sie historisch und architektonisch äußerst interessant. Also: Spazieren wir los!

Rein in die Patschen, auf zu den Pawlatschen!

Der Innenhof-Spaziergang beginnt für uns im 14. Jahrhundert. So alt sei nämlich das Gebäude rund um das Schlossquadrat am Margaretenplatz. Ein ungewöhnlicher Durchgang mit Spiegelkabinett führt uns in den ro-

START & ANREISE
1050 Wien, Margaretenstraße 77
Linie 12A, 13A, 69A › Margaretenplatz (Bushaltestelle fast am Ausgangspunkt)

WEGVERLAUF
Margaretenplatz › Mariahilfer Straße › Neustiftgasse › Ring › Kohlmarkt › Blutgasse › Stubentor › Landstraßer Hauptstr.

TOURLÄNGE
9km (2½h) | SW | 30hm

mantischen Innenhof mit Laubengang. Was für ein Start! Haben wir die erste Station erkundet, gehen wir zurück zum Margaretenplatz.

Hinter dem auffallenden Margaretenhof befindet sich eine nicht frei zugängliche Allee, die – lassen wir die Autos mal weg – auch im 19. Jahrhundert so anzufinden gewesen wäre.

Schlossquadrat

Der Spaziergang führt zur U-Bahn-Station Pilgramgasse, über den Wienfluss und geradeaus die Hofmühlgasse zur Gumpendorfer Straße rauf. Noch vor dem Flakturm wechseln wir links hinauf zur belebten Mariahilfer Straße. Wir biegen rechts zum Raimundhof bei der Hausnummer 45 ab.

Dieses Durchhaus ist eine wahrlich schmucke Einkaufspassage mit kleinen Geschäften und Lokalen. Kurz danach gehts links in die Stiftgasse

zum Amerlinghaus mit sehenswertem Innenhof. Zurück zur Siebensterngasse und rechts zur Ecke Kirchengasse. Noch ein kurzes Stück weiter befindet sich der Eingang zum schönen Adlerhof, einem nicht öffentlichen Durchgang.

Wir spazieren die Kirchengasse hinab zum Augustinplatz, rechts bei der Neustiftgasse 16 wartet das nächste Durchhaus. Diesmal wieder öffentlich zugänglich mit Lokalen und Geschäf-

Raimundhof

ten. Sollte der Zugang dennoch verschlossen sein, umgehen wir den Häuserblock über die Mechitaristengasse. Vom nördlichen Ende des Durchganges gehen wir direkt weiter in die Lange Gasse, überschreiten die Josefstädter Straße und kommen zum alten Bäckermuseum. Sollte hier ein Lokal neu eröffnen, wäre der prächtige Hof wieder einsehbar.

Nun der Josefstädter Straße stadtwärts zum Ring folgen, und den Volksgarten links umgehend, in die Metastasiogasse wandern. An der Minoritenkirche rechts vorbei in die Wallnerstraße, rechts und gleich links durch den Haarhof zum großen Platz Am Hof. Vorbei an der gleichnamigen Kirche in die Drahtgasse, links ist der Pawlatschenhof im Ledererhof

GETRATSCHE
AUF DER PAWLATSCHE

Was haben Graz und Wien gemeinsam? Den Nebel im Winter? Vielleicht. Aber nicht nur. In beiden Städten hatten sich vor allem im 19. Jahrhundert die Pawlatschenhäuser etabliert. Der Begriff Pawlatsche stammt ursprünglich aus dem tschechischen »pavlač« und bezeichnet einen offenen Hauseingang. Damit gemeint sind Laubengänge in Innenhöfen, die die einzelnen Wohnungen miteinander verbinden und mittels Außentreppen erreichbar sind. Großteils bestehen diese heute noch aus Holz, sind eng und offen, nur nicht mehr so oft anzufinden. Im 1. Bezirk gibt es aber eine Vielzahl an Pawlatschenhäusern, die mehr oder weniger öffentlich zugänglich sind. Wer heute in einem solchen Innenhof steht, kann sich ziemlich gut vorstellen, dass so ein Pawlatschenhof ein Ort der Kommunikation zwischen den Mietern war. Man traf sich regelrecht auf der Pawlatsch'n zum Tratsch'n.

Amerlinghaus

Durchgang Neustiftgasse

leider nicht öffentlich zugänglich. Es geht wieder ein Stück retour, links in die Bognergasse und auf den Kohlmarkt. An der Hausnummer 11 befindet sich ein weiterer nicht öffentlicher Innenhof. Wochentags zu Bürozeiten erblicken wir mit etwas Glück die barocken Wagenschuppen im Hof.

Direkt nach der Michaeler Kirche gehts links in einen kleinen Durchgang zur Habsburgergasse. Wir halten uns vorerst geradeaus, wechseln links in die Bräunerstraße und erkunden das Nestroy-Geburtshaus mit Pawlatschenhof und Wandbrunnen. Bereits am Graben angekommen, eröffnet sich rechts der Zugang in den Generalihof.

Von der Rückseite des Stephansdoms gehts hinein in den Zwettlerhof, der geradeaus in den schmalen Schmeckender-Wurm-Hof zum Lugeck übergeht. Der Legende nach soll hier ein übelriechender Drache gehaust

Nestroy-Geburtshaus

haben, aus dem – nomen est omen – ein schmeckender Wurm wurde.

Ab hier beginnt ein slalomartiges Erkunden der Höfe im 1. Bezirk. Geradeaus in die Köllnerhofgasse, rechts über die Grashofgasse in den weiträumigen Heiligenkreuzerhof. Wir queren den Hof und treten beim Basiliskenhaus auf die Schönlaterngasse. Rechts zur Sonnenfelsgasse, auf der Windhaaggasse weiter in die Bäckerstraße. Gleich zur Rechten befinden sich zwei weitere nicht öffentliche Höfe. Schade, denn sie wurden ansehnlich renoviert.

Die schmale Essiggasse führt zur Wollzeile, über die Strobelgasse landen wir in der Domgasse am Mozart-Geburtshaus. Hier in die Blutgasse,

DAS DURCHHAUS, DURCHAUS SEHENSWERT

»Off the beaten path« meint im touristischen Vokabular Wege, die man abseits des Mainstreams, und zwar als sogenannte Geheimtipps erkundet. Dazu gehören auch die Durchhäuser Wiens. Für WienerInnen sind es entweder Abkürzungen, ein Ort zum gemütlichen Verweilen – oder immer noch unbekannt. Dass zum Beispiel der Raimundhof die Windmühlgasse mit der Mariahilfer Straße verbindet, ist nicht durchgängig geläufig. Wie auch der farbenprächtige Sünnhof im 3. Bezirk, der zumindest mit etlichen aufgespannten Regenschirmen versucht, die Besucher nicht im Regen stehen zu lassen. Einige Gaststätten und Geschäftslokale in den Durchhäusern schaffen es aber, Menschen, die nicht nur der Abkürzung wegen hier sind, in diese langgezogenen Innenhöfe zu locken. Eines sei verraten: Es gibt in Wien noch mehr solcher Durchhäuser als wir hier entdecken. Aber pssst, alles Geheimtipps.

Heiligenkreuzerhof

Deutschordenshaus

an der Hausnummer 3, betreten wir ein Pawlatschenhaus aus dem 17. Jahrhundert. Von hier aus erreichen wir über mehrere Stiegen – rechtshaltend – den Fähnrichhof mit prächtiger Platane. Im hinteren Hofeck durchschreiten wir einen sehr schmalen Durchgang (Kopf einziehen!) zur Blutgasse. Der Spaziergang geht links an der Singerstraße weiter. Zuvor erkunden wir zur Rechten die Innenhöfe des Deutschordenshauses. Zwei weitere Höfe folgen an der Singerstraße, vor der Seilerstätte gehts links in die Riemergasse zur Wollzeile. Wir gehen leicht hinab zum Stubentor, passieren den Stadtpark und erreichen den Bahnhof Wien Mitte. Die letzten Meter führen entlang der Landstraßer Hauptstraße zum Eingang vom Sünnhof in einem Biedermeierkomplex. Ein farbenprächtiger Abschluss des Spazierganges: als ob uns der Sünnhof regelrecht den Hof machen würde. Fazit: Gelungen! Eine absolute Durchhaus- und Pawlatschenliebe!

Sünnhof

**Raiffeisen Wien
Meine Stadtbank**

Impressum: Medieninhaber: Raiffeisenlandesbank Niederösterreich-Wien AG, F.-W.-Raiffeisen-Platz 1, 1020 Wien.

WER GEHT MIT,
WENN ICH DIE WELT EROBERN WILL?

**MEINE STADTBANK.
WIR MACHEN DEN UNTERSCHIED.**

Unser Ziel ist es seit jeher, Menschen dabei zu unterstützen, selbstständig und unabhängig zu leben. Gemeinsam mit unseren Kunden wollen wir etwas bewegen, etwas schaffen und für die Zukunft aufbauen. Darum sind wir als Bank jederzeit persönlich und digital für Sie da. Überzeugen Sie sich selbst in einer unserer Filialen oder – jetzt neu – auch per Videoberatung.
Nähere Infos unter meinestadtbank.at

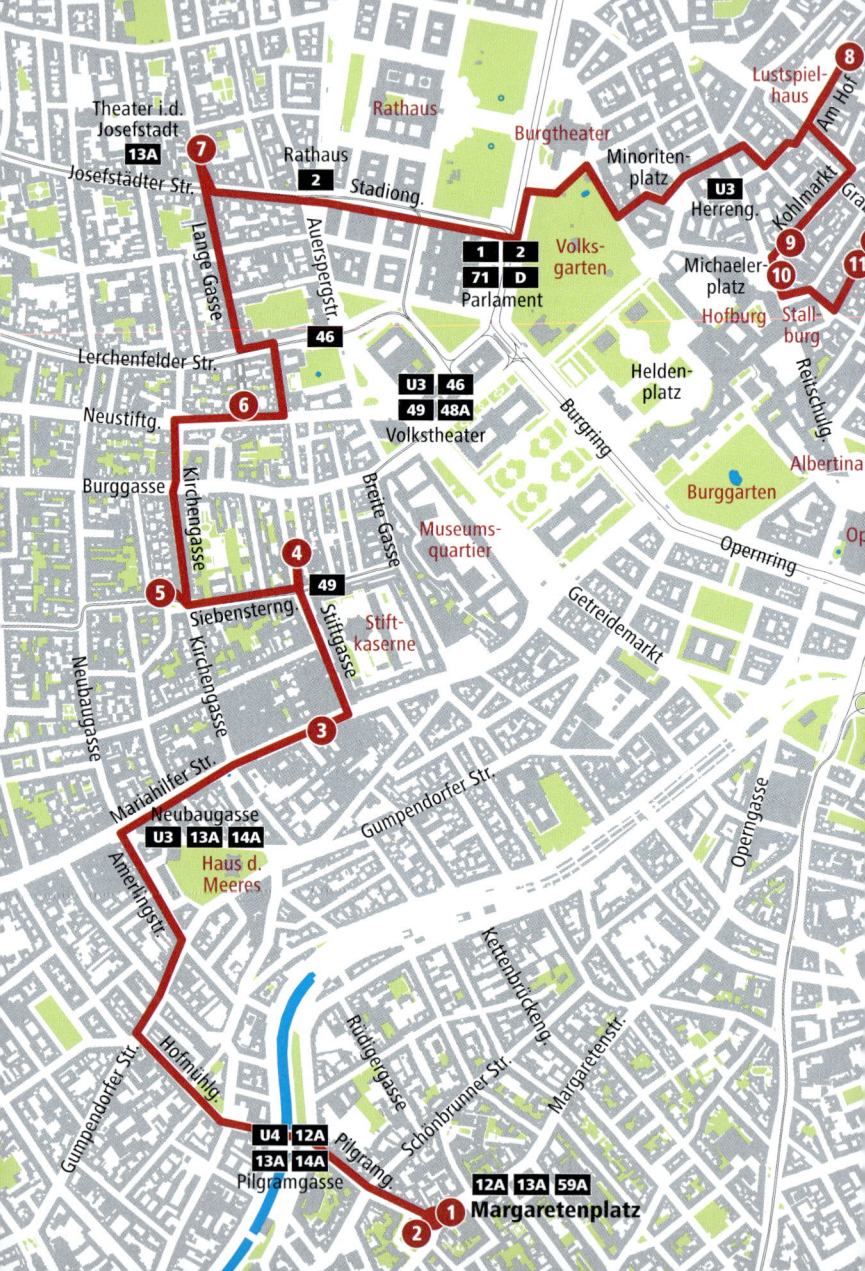

1. **Schlossquadrat**, Margaretenplatz 2-3
2. **Margaretenhof**, Margaretenplatz 4
3. **Raimundhof**, Mariahilfer Straße 45
4. **Amerlinghaus**, Stiftgasse 8
5. **Adlerhof**, Siebensterngasse 46
6. **Durchhaus**, Neustiftgasse 16
7. **Pawlatschenhaus**, Lange Gasse 34
8. **Ledererhof**, Ledererhof 2
9. **Wagenschuppen**, Kohlmarkt 11
10. **Michaeler Durchgang**, Michaelerplatz 6
11. **Nestroy-Geburtshaus**, Bräunerstraße 3
12. **Generalihof**, Bräunerstraße 1
13. **Zwettlhof**, Stephansplatz 6
14. **Schmeckender-Wurm-Hof**, Wollzeile 5
15. **Heiligenkreuzerhof**, Grashofgasse 3
16. **Ehem. Palais Nimptsch**, Bäckerstr. 10
17. **Renaissancewohnhaus**, Bäckerstr. 7
18. **Pawlatschenhaus**, Blutgasse 3
19. **Fähnrichhof**, Blutgasse 5
20. **Deutschordenshaus**, Singerstraße 7
21. **Barockpalais**, Singerstraße 16
22. **Bürgerhaus**, Singerstraße 22
23. **Sünnhof**, Landstraßer Hauptstraße 28

Stadtspaziergang 2

Jüdisches Wien

Mit Freud und Leid

Wir beginnen den jüdischen Spaziergang in der Berggasse 19. Kenner der Psychoanalytik wissen Bescheid: Wir stehen vor dem Sigmund-Freud-Museum. Hier arbeitete und lebte der Begründer der Psychoanalyse, ehe er am 4. Juni 1938 die Flucht vor den Nationalsozialisten nach England antrat. Originale Gegenstände wie auch das Praxis-Wartezimmer können wir in dem im Jahr 2020 wiedereröffneten Museum besichtigen.

Die Berggasse hält, was sie verspricht, es geht nämlich einige Höhenmeter hinauf. Der weitere Spaziergang führt geradeaus in die Schwarzspanierstraße. Dieser Abschnitt ist in der offiziellen Routenführung von der Stadt Wien so nicht vorgesehen. Wir ändern die Wegstrecke, auch um zwei weitere jüdische Besonderheiten zu erkunden. Zur ersten gelangen wir, wenn wir rechts in die Garnisongasse abbiegen und hinter dem Gebäude der Nationalbank links in Richtung Narrenturm wechseln. Zur Linken erblicken wir das DENK-Mal Marpe Lanefesch. 2005 wurde das ehemalige jüdische Bethaus als begehbares

START & ANREISE
1090 Wien, Berggasse 19
Linie D › Schlickgasse
(Haltestelle fast am Ausgangspunkt)

WEGVERLAUF
Berggasse › Altes AKH › Schottentor › Dorotheergasse › Judenplatz › Seitenstettengasse › Stadtpark › Schwarzenbergplatz

TOURLÄNGE
7km (2h) | SW | 20hm

Denkmal wiedereröffnet, nachdem es 1938 Nazis schändeten. Nach dem Krieg wurde es als Transformatorstation genutzt. Vor Ort zu finden ist ein in den Boden eingelassener Text, der über die bewegte Geschichte des kleinen Gebäudes berichtet.

Auf der Höhe des Narrenturms biegen wir links in das Gelände des Alten

DENK-Mal Marpe Lanefesch

AKH ein. Am südlichen Ende verlassen wir das Areal in den Ostarrichipark zur 2021 eröffneten Shoah-Gedenkmauer. Mehr als 64.000 Namen von ermordeten österreichischen Jüdinnen und Juden sind auf 160 Steineelementen eingemeißelt. Wir queren den Park zur Frankgasse und zur Votivkirche. Rechts an der Kirche vorbei in den Sigmund-Freud-Park und zum Schottentor. Wir queren den Ring und spazieren geradeaus in die Schottengasse, an der Kreuzung bei

der Freyung bewegen wir uns halbrechts in die Herrengasse. Nach der Hofburg links in die Habsburgergasse, rechts weiter in die Stallburggasse zur Dorotheergasse. Am Weg zum Graben passieren wir das Palais Eskeles, in dem sich ein Teil des Jüdischen Museums Wien befindet.

Am Graben links, halbrechts in die Bognergasse und rechts über den Platz Am Hof zum Judenplatz mit dem Mahnmal für die jüdischen Op-

Shoah-Gedenkmauer

fer der Shoah. Vom Judenplatz gehen wir zur Wipplingerstraße, an welcher sich das sehenswerte Dokumentationsarchiv des Österreichischen Widerstands befindet.

Von der Wipplingerstraße gehts auf den Hohen Markt, auf Höhe des Vermählungsbrunnens in die Judengasse, kurz danach rechts in die Seitenstettengasse. Davor ist auf der Judengasse ein Gedenkstein für die Terroropfer vom November 2020 platziert. In der Seitenstettengasse befindet sich der Stadttempel der Israelitischen Kultusgemeinde, der trotz der Zerstörung im Zweiten Weltkrieg als Zeugnis jüdischer Kultur erhalten blieb.

Am Ende der Gasse biegen wir rechts zur Rotenturmstraße ab und spazieren

EINE GESCHICHTE DER EXTREME

Bereits im 13. Jahrhundert ist die Entstehung einer jüdischen Gemeinde in Wien dokumentiert. Die Folgejahrhunderte waren durch Verfolgungen und Ausweisungen geprägt. Mit dem Geist der Aufklärung begann die Gleichstellung der Juden, Mitte des 19. Jahrhunderts war diese auch erreicht. Die jüdische Bevölkerung beeinflusste wesentlich die kulturelle Hochphase Wiens. Mediziner, Politiker, Wissenschaftler und Künstler jüdischer Herkunft waren weit über die Grenzen Österreichs bekannt. Doch der Antisemitismus keimte immer mehr auf. Die Nationalsozialisten zerstörten fast alle Synagogen, die Juden wurden beinahe vollständig vertrieben oder in der Shoah ermordet. Nach dieser Schreckenszeit erholte sich die jüdische Gemeinde nur langsam, heutzutage ist das jüdische Alltagsleben – vor allem in der Leopoldstadt – wieder fixer Bestandteil des Straßenbildes.

Stadttempel Wien

Mahnmal für jüdische Opfer der Schoah

©AdobeStock/lralex

©AdobeStock/lralex

diese rauf. Bevor wir den Stephansplatz erreichen, wechseln wir links über die Wollzeile zum Stubentor und betreten den Stadtpark. Umgeben von Menschen auf Sitzbänken und schnatternden Enten gehen wir an der Wien-Promenade flussaufwärts. Einige Stufen führen hinauf zur Johannesgasse, wir halten uns links und wechseln rechts in die Straße Am Heumarkt. Diese bringt uns zum Schwarzenbergplatz, rund 50 Meter links befindet sich in einem Eckhaus das Arnold-Schönberg-Center. Schönberg war ein österreichischer Komponist, Maler, Dichter und Erfinder und galt als einer der einflussreichsten Komponisten im frühen 20. Jahrhundert. Er emigrierte 1933 in die USA, sein Nachlass wird im vor uns sichtbaren Palais Fanto am Schwarzenbergplatz aufbewahrt.

Die letzte Station am Jüdischen Stadtspaziergang befindet sich am südöstlichen Ende der Stadt. Der Fußmarsch dorthin ist weniger spannend, daher

Schwarzenbergplatz mit Arnold-Schönberg-Center

©AdobeStock/Pavel armen

bringt uns die Straßenbahnlinie 71 von der Station Am Heumarkt zum Zentralfriedhof 1. Tor.

Hier angekommen erkunden wir schnurstracks den alten jüdischen Friedhof, für manche Besucher ist er das schönste Areal des gesamten Friedhofs. Die gepflegten Gräber von Arthur Schnitzler und Friedrich Torberg dürfen nicht darüber hinwegtäuschen, dass der Zahn der Zeit den Grabstätten zusetzt. Der stille und teils verwachsene Charakter der Ruhestätte lockt manches Wildtier an, nicht jedes Reh wird aber gleich vor uns davonlaufen. Sie sind die andächtigen und unaufgeregten Spaziergänger gewöhnt. Mehr über die Friedhöfe Wiens erfährst du im gleichnamigen Büchlein aus der PLACES-Reihe.

VERGANGENHEIT UND GEGENWART

Das Jüdische Museum Wien verfügt über zwei Standorte in der Innenstadt, die sich mit einem wechselnden Ausstellungs- und Veranstaltungsprogramm mit der jüdischen Kultur aus Vergangenheit und Gegenwart auseinandersetzen. Bereits 1895 wurde das Museum gegründet und gilt somit als das weltweit erste seiner Art. Nach dem sogenannten Anschluss Österreichs schlossen die Nationalsozialisten das Museum, die Objekte wurden auf andere Museen verteilt. Das Naturhistorische Museum gestaltete damit eine antisemitische Ausstellung »Die körperlichen und seelischen Eigenschaften der Juden«. Diese düstere Zeit ist zum Glück Vergangenheit. Seit den 90er und 2000er Jahren sind das Palais Eskeles in der Dorotheergasse und das Misrachi-Haus am Judenplatz Standorte des Jüdischen Museums. Übrigens: Mit einer Eintrittskarte können wir beide Standorte besuchen.

Alter jüdischer Friedhof

Reh am Zentralfriedhof

©AdobeStock/Wolfgang

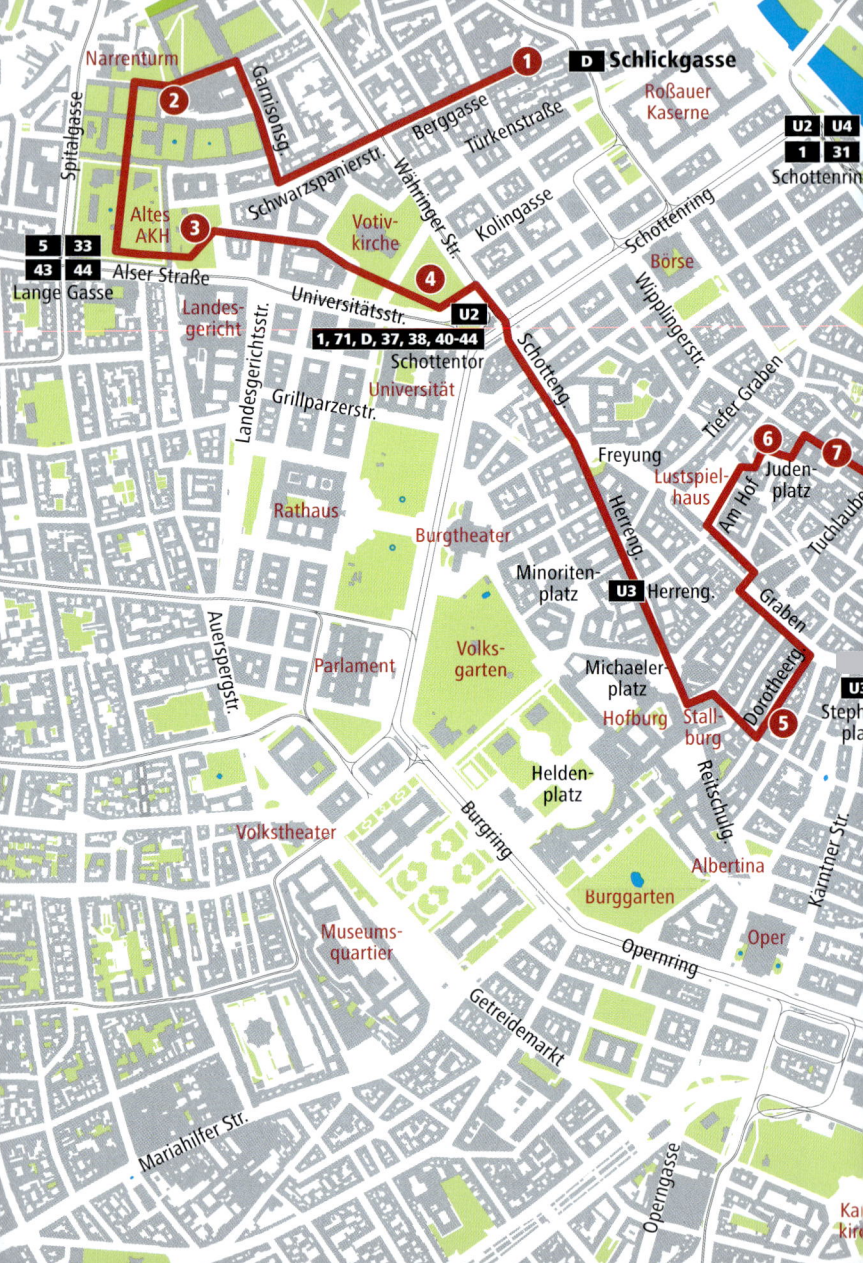

Donaukanal

Hollandstr.

Taborstraße

Praterstraße

Urania

U1 **U4**
1 **2**
Schwedenplatz

...udeng.

8

Rotenturmstr.

Wollzeile

Domg.

Riemerg.

Stubenbastei

Stubenring

Hintere Zollamtsstr.

MAK

U3 **2**
Stubentor

Weihburggasse

Parkring

Johannesg.

Stadtpark

Am Heumarkt

Linke Bahngasse

Stadtpark **U4**

Schwarzenbergpl.

Akademie-
theater

71 9
Am Heumarkt

Mit Linie 71:
Zentralfriedhof
1. Tor
10

1. **Sigmund-Freud-Museum,** Berggasse 19
2. **Denkmal Marpe Lanefesch,** Hof 6
3. **Shoah Gedenkmauer,** Ostarrichi-Park
4. **Sigmund-Freud-Park**
5. **Jüdisches Museum,** Dorotheergasse 11
6. **Museum Judenplatz,** Judenplatz 8
7. **Dokumentationsarchiv des Österreichischen Widerstands,** Wipplingerstraße 6-8
8. **Stadttempel der Israelitischen Kultusgemeinde,** Seitenstettengasse 4
9. **Arnold-Schönberg-Center,** Schwarzenbergplatz 6

Linie 71 › Zentralfriedhof 1. Tor:
10. **Alter jüdischer Friedhof** Simmeringer Hauptstraße 244

GEH' STEMPELN!

Die Stempelstationen der Stadtwanderwege findest du auf den Plänen und in der jeweiligen Wegbeschreibung.

Stadtwanderweg 1
Kahlenberg

1

Stadtwanderweg 1a
Leopoldsberg

1a

Stadtwanderweg 2
Hermannskogel

Stadtwanderweg 3
Neuwaldegg, Hameau

Stadtwanderweg 4
Jubiläumswarte

Stadtwanderweg 4a
Wilhelminenberg

5

6

Stadtwanderweg 5
Stammersdorf

Stadtwanderweg 6
Rodaun, Kalksburg

Stadtwanderweg 7
Laaer Berg

Stadtwanderweg 8
Sophienalpe

7

8

9

10

Stadtwanderweg 9
Prater

Stadtwanderweg 10
Breitenlee

Stadtwanderweg 11
Margaretengürtel

Stadtwanderweg 12
Schloss Vösendorf

11

12

Mehr Abenteuer

12 Jahre sind bereits seit dem Erscheinen des ersten »WildUrb« Buches vergangen. WIEN GEHT, unser Flaggschiff unter den urbigen Kultbüchern wurde mittlerweile in der 3. Auflage herausgegeben, wir konnten Berlin erobern und mit dem vorliegenden Buch sind insgesamt 17 Buchtitel erschienen. Hier findest du einen Auszug der Buchserie und unter **www.wildurb.at** unser gesamtes Verlagsprogramm.

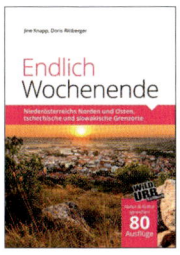

ENDLICH WOCHENENDE 1

Niederösterreichs Norden und Osten, tschechische und slowakische Grenzorte

80 Touren entführen in 40 wundervolle Orte. So abwechslungsreich kann Wochenende sein.

Mit Wegbeschreibungen.

ENDLICH WOCHENENDE 2

Niederösterreichs Süden und Westen, Oberösterreichs Osten und Burgenland

80 Mikroabenteuer an 40 bekannten und unbekannten Orten erleben.

Alle Touren via QR-Codes online abrufbar.

ENDLICH WOCHENENDE 3

Land Salzburg erwandern & erleben

80 spannende Wanderungen in 40 Gemeinden. Entdecke das Land Salzburg vom Süden bis in den Norden und durch die einzelnen Gaue, auf bekannten und unbekannten Routen.

Alle Touren via QR-Codes online abrufbar.

©AdobeStock/photo 5000

WIEN GEHT

Die reizvollsten Spaziergänge der Stadt

Abenteuerlich oder erholsam, historisch oder modern,
lieblich oder verwegen, kontrastreich oder grün,
alleine oder gemeinsam:
Einfach gehen. Durch Wien.

Alle Touren via QR-Codes online abrufbar.

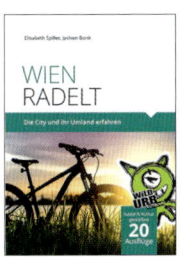

WIEN RADELT

Die City und ihr Umland erfahren

20 Radtouren führen dich in das liebenswerte Wien
hinein und drum herum. Mit dem Radl die Stadt
und ihr Umland erkunden und frische Luft und
Lebensfreude tanken.

Alle Touren via QR-Codes online abrufbar.

WIEN WANDERT

Die offiziellen Wanderwege der Stadt

Alle offiziellen Stadtwanderwege und Naturlehrpfade
Wiens, »rundumadum« in 7 Tagesetappen sowie
Informationen über Grillplätze, Naturdenkmäler,
Stempelstationen uvm.

Alle Touren via QR-Codes online abrufbar.

WIEN GEHT WEIT

Weitwandern ab Wien:
Neue und traditionelle Routen mit detaillierten
Etappenplänen und Übernachtungstipps!

9 Weitwanderwege, bestehend aus 43 Tagesetappen.
Mit Etappenplänen, Wegbeschreibungen,
Historischem und Übernachtungstipps!

Die neue WildUrb Places-Edition:

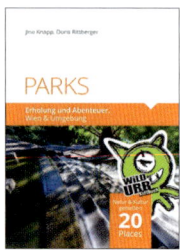

PARKS
Erholung und
Abenteuer
Wien & Umgebung

WALDBADEN
Eintauchen
in Grünoasen
Wien & Umgebung

FRIEDHÖFE
Flanieren
an stillen Orten
Wien & Umgebung

©Tamas Zsebok - Fotolia.com